AF433666

ספר
עֵץ חַיִּים
לרבינו
חַיִּים וִיטַאל זַ"ל
שֶׁקִּיבֵּל מִמָרָן הָאֲרִ"י זלה"ה
שַׁעַר טנת"א
שַׁעַר ה' פרק ד'
דכ"ב ע"ג – דכ"ב ע"ד
תש"פ
SimchatChaim.com
בְּהוֹצָאַת
שִׂמְחַת חַיִּים

בס"ד

הקדמה

הרפא **ה**מאציל **ו**יושיע **ה**בורא את כל חולי בני יש־אל, וישלח להם רפואה שלימה, רפואת הנפש ורפואת הגוף, בכל אבריהם ובכל גידיהם לעבודתו יתברך.

בי"ב במנחם אב תשס"ה, הובהלתי לבית החולים, ה־רופאים לא נתנו לי סיכוי לחיות יותר מכמה שעות בגלל מספר תסבוכות. עם כל זאת בזכות התפילות של בני ישראל הקדושים, ברחמיו הרבים, ריחם עלי הקדוש ברוך הוא, ונשארתי בחיים.

עם כל זאת, הובחנה אצלי מחלה קשה בכליות, ונאמר לי שהצטרך למכונת דיאליזה. בשבילי זה היה שוק!!! אף פעם לא הייתי אצל רופא, או בבית חולים. כך בעל כרחי התחברתי למכונת דיאליזה, ומכונה זאת הייתי[1] קשורה בי ככלב במשך שמונים חודשים בדיוק, כמנין **יסוד**, במשך 10-12 שעות ביום.

בשבת פרשת **ויחי יעקב** י"ב טבת תשע"ב, בזכות בני ישראל, שכולם אהובים כולם ברורים כולם גיבורים כולם קדושים... וכולם פותחים את פיהם באהבה שלוש פעמים ביום, ואומרים - **ברוך אתה... רופא חולי עמו ישראל**, וכללותם כל האברכים, תלמידי הישיבות, רבנים וחכמים, חסידים, מקובלים עם תינוקות של בית רבן, זקנים עם נערים, בחורים וגם בתולות, בארץ הקודש ובעולם. ומצד שני בנות ישראל היקרות מפז, שהתפללו וקבלו עליהם כל מיני קבלות, מהפרשת חלה עד צניעות וכיסוי הראש, עם הרבנים, המנהלים, המורים, המורות **והתלמידות של בית יעקב דטורונטו** שכל יום התפללו, וכללו בתפילתם שבקעה את כל הרקיעים אותי, ונושעתי אני הקטן. הושתלה בי כליה. והתנתקתי ממכונת הדיאליזה.

אמר המלך דוד - לולי[2] תורתך שעשעי אז אבדתי בעניי. מה שנתן לי חיות היא התורה הקדושה, בשעות הרבות שהייתי מחובר למכונת הדיאליזה)כ12 שעות ביום(, ערכתי סדרתי וכתבתי במחשב את קונטרסים שלמדתי במשך שנים. וקונטרסים אלו הפכו לחיבור, ואחרי התלבטויות ובקשות מבני גילי, החלטתי בעזרתו יתברך להדפיס קונטרסים אלו.

ידוע הוא כי כל דברי האר"י זלל"ה ותלמידו נאמן ביתו, רבינו חיים ויטאל הם סתומים וחתומים באלפי שרשראות ומנעולים, והרב ז"ל גלה טפח וכיסה אלפים אמה, וכלל דבריהם הוא משלים, עם כל זאת העוסק במשל פועל בעלמות העליונים בנמשל. לכן צריך זהירות גדולה לא להגשים את המשלים, בסוד המבואר בספר הזוהר הקדוש - **ועלייהו אתמר** ועליהם נאמר - **ארור האיש אשר יעשה פסל ומסכה וגומר, ושם בסתר, מאי בסתר** מהו בסתר - **בסתרו דעלמא** בסתר העולם. **ובגין דא אמר קודשא בריך הוא לא תעשון אתי** ומפני זה אמר הקדוש ברוך הוא לא תעשון אתי **אלה"י כסף ואלה"י זהב, והכי אוקמוה חבריא לא תעשון אתי כדמות שמשי שמשמשין אותי** וכך דעמידוהו החברים לא תעשון אתי כדמות שמשי שמשמשים אותי **במרום, לצייראה בסתר דילי שום ציור או דמיון** לצייר בסתר שלי שום ציור או דמיון, **דכל מאן דצייר לעיל לקודשא בריך הוא** שכל מי שמצייר למעלה לקדוש ברוך הוא, **בסתר**)דאיהי שכינתיה, כלילא מעשר

---

[1]

גמרא סוטה ד"'ג ע"ב - גמרא סוטה ד"'ג ע"ב – רבי אלעזר אומר, **קשורה בו ככלב**, שנאמר - ולא שמע אליה לשכב אצלה להיות. עמה לשכב אצלה בעולם הזה. להיות עמה לעולם הבא.

[2]

תהלים קי"ט צ"ב

ספיראן שהיא שכינתו, כלולה מעשר ספירות(, **שום ציור, וצלם, ודמות, כגוונא דמצייירין בשמשיך דיליה** שמצייירים בשמשים שלו, **נשמתיה אתלבשא בההוא צלמא** נשמתו מתלבשת באותו צלם....

וכן הוא בסוף ענף ד' דשער א' בספר עץ חיים שער ההקדמות, וז"ל הטהור - ואמנם דבר גלוי הוא כי אין למעלה גוף ולא כח גוף חלילה. וכל הדמיונות והציורים אלו לא מפני שהם כך חס ושלום. אמנם **לשכך את האוזן** לכשיוכל האדם להבין הדברים העליונים, הרוחניים, בלתי נתפסים, ונרשמים בשכל האנושי. לכן ניתן רשות לדבר בבחינת ציורים ודמיונים, כאשר הוא פשוט בכל ספרי הזוהר. וגם בפסוקי התורה עצמה כולם כאחד עונים ואומרים בדבר הזה, כמו שאמר הכתוב עיני הוי"ה המה משוטטים בכל הארץ. עיני הוי"ה אל צדיקים. וישמע הוי"ה. וירח הוי"ה. וידבר הוי"ה. וכאלה רבות. וגדולה מכולם מה שאמר הכתוב - ויברא אלהי"ם את האדם בצלמו בצלם אלהי"ם ברא אותו זכר ונקבה וגו'. **ואם התורה עצמה דברה כך** גם אנחנו נוכל לדבר כלשון הזה, עם היות שפשוטו הוא שאין שם למעלה אלא אורות דקים בתכלית הרוחניות, בלתי נתפשים שם כלל, וכמו שאמר הכתוב - כי לא ראיתם כל תמונה, וכאלה רבות. ואמנם יש עוד דרך אחרת כדי להמשיך ולצייר בה הדברים העליונים, והם בחינת כתיבת צורת אותיות, כי כל אות ואות מורה על אור פרטי עליון, וגם תמונת זו דבר פשוט הוא כי אין למעלה לא אות ולא נקודה, **וגם זה דרך משל וציור לשכך את האוזן** כנזכר.....

ולכן כל המבואר כאן בחיבור זה הוא כדי **לשכך את האוזן**. והתרשימים שבסוף החיבור הם כדי **לשבר את העין**, לכן אין שום ביאור והסבר שלם, ואין שום תרשים שלם בתכלית השלמות.

ידוע כי[3] דברי תורה עניים במקומן ועשירים במקום אחר, **ועל אחת כמה וכמה** בדברי הרב ז"ל, שכל סוגיה חסרה[4] במקומה, וחלקיה מפוזרים במקומות אחרים. **זאת ועוד** הרב ז"ל מערבב בדרוש אחד כמה וכמה סוגיות, כאשר בפשטות דבריו נראה שכל הדרוש הוא דרוש אחד, ולא מחולק לסוגיות שונות, ושמועות שונות. **ביאור** דברי הרב ז"ל כאן הם **בעומק, והוא בעצם ליקוט** עד איפה שידי הקצרה הגיעה, מכל חלקי ספר עץ חיים, ושמונה השערים המצויינים לרב ז"ל, מבוא שערים ושאר ספרי הרב ז"ל, והוא גם על פי הקדמת רחובות הנהר למרן הרש"ש, דרושי פנימיות וחיצוניות, דרוש הדעת, סוגיות ערכין, סוגיות דכללות והתכללות, פרטות וכללות, וסוגיות עובי ואורך, ועל פי ביאור גדולי רבותינו חכמי המקובלים לדורותם זלה"ה זי"ע.

ידוע כי[5] אין בר בלי תבן, כך אין ספר בלי טעויות, ועוד יודע אני כי ועני אני, ואני דל, **ואין**[6] **עני אלא בדעה**. לכן מבקש אני בכל לשון של בקשה אם יש לכל אחד שאלות, הערות, הארות, תיקונים, נא לשלוח ל - <u>book@simchatchaim.com</u> והשתדל לענות, ולתקן את הצריך תיקון.

בברכה והצלחה בלימוד התורה הקדושה

ובעיקר בפנימיות התורה, תורת האר"י הח"י.

ורפואה שלימה לכל חולי ישראל.

אח"י

3

גמרא ירושלמי, ראש השנה פ"ג הלכה ה' די"ז ע"א – דברי תורה עניים במקומן, ועשירים במקום אחר.

4

תורת חכם דע"ב ע"ב – חסר לשון הוא, כמו שיראה המעיין.

5

גמרא ברכות נ"ה א' - מה לתבן את הבר נאם ה', וכי מה ענין בר ותבן אצל חלום, אלא אמר ר' יוחנן משום ר' שמעון בן יוחאי, כשם שאי אפשר לבר בלא תבן, כך אי אפשר לחלום בלא דברים בטלים.

6

גמרא נדרים מ"א ע"א – אין עני אלא בדעה.

ב"ה

הקדמה קצרה לחיוב לימוד תורת הקבלה

ישמחו **ה**שמים **ו**תגל **ה**ארץ ירעם הים ומלאו. שזכינו בדור שלנו שפנימיות התורה, שהיא היא תורת הקבלה, מתפשטת לכל, וכל מקום בעולם היום לומדים בתורת הח"ן. הדור שלנו יש הרבה התעוררות ללמוד סתרי התורה הקדושה, הנקראת חכמת הקבלה. בירושלים של המאה ה-18 בישיבת **בית אל** היו בקושי מנין של מקובלים, והיום תורת הקבלה מופצת בכל מקום בארץ ובעולם. לעניות דעתי אחת הסיבות העיקריות לשינוי זה הוא רצונם של בני התורה, החוזרים בתשובה ועמך לדעת את סוד החיים, למה ברא הקדוש ברוך הוא את העולם, ואת טעמי המצות, ר"ל אי אפשר היום בדור שלנו, להסביר על פי הפשט את הסיבה מדוע אסור לאכול בשר וחלב, מדוע צריך להניח תפילין, למה לשמור דווקא שבת ולא יום שלישי, אי אפשר להגיד כל הזמן **זאת גזרת הכתוב, כך רוצה הקדוש ברוך הוא**, האנשים מחפשים הסברים למצות, לסיפורי התנ"ך, לגלגולי בשמות, ועוד. ורק על ידי עסק בפנימיות התורה, אדם מסיג את ההסברים לקושיות שיש לו. **זאת ועוד** חיים אנחנו בדור של חומריות, והאנשים מחפשים את הרוחניות שבחיים, אז מה עושים, נוסעים למזרח, להודו, סין, תאילנד למצוא רוחניות, ולא יודעים **ששורש כל הרוחניות בעולם נמצאת בתורה הקדושה**, עם כל זאת כאשר הלומד את פשט התורה, **הוא לא מכיר** את הקדוש ברוך הוא, והוא בלי יראת שמים ושמחה אמתית. כותב הרב המקובל האלוה"י רבינו יהודה פתייה בפרושו הנפלא על עץ חיים - כי לימוד עץ חיים הוא עמוק מאד מאד, כי הוא **מים שאין להם סוף**, והוא קשה מאד גם לחכמים ההוגים בו תמיד, וכל שכן למתחילים. כי הוא חזק מצור, וקשה מברזל, שאי אפשר לחצוב ממנו מאומה, אם לא על ידי כלי מחצב חזקים כציפורן שמיר. וכל המתחיל בלימוד עץ חיים, אם לא יהיה לו רב, או לפחות איזה מפרש המפרש לו כוונת הפרק ההוא לפי פשוטו, נבול יבול, ואינו יכול לעמוד על הפרק כי אם לאחר יגיעה רבה, ושקידה עצומה, וכולי האי ואולי. כי הרבה פעמים יסבור המעיין שהבין הענין ההוא כראוי, ואחר שילמוד עוד איזה פרקים אחרים, ירגיש כעצמו שלא הבין את פרקים הקודמים, והניסיון יעיד על זה, עד כאן דברי קודשו. עם כל זאת חייב כל אדם לעסוק בתורת **החיים**.

צדיק אתה הוי"ה וישר משפטיך. כתב הרב רבינו חיים ויטאל ז"ל בהקדמה לשער ההקדמות - והנה מה שכתב בתחילת דבריו, ואפילו כל אינון דמשתדלי באורייתא כל חסד דעבדי לגרמייהו וכו', עם היות שפשטו מבואר ובפרט בזמנינו זה, בעוונותינו היום אשר התורה נעשית קרדום לחתוך בה אצל קצת בעלי תורה, אשר עסקם בתורה על מנת לקבל פרס, והספקות יתירות, וגם להיותם מכלל ראשי ישיבות, ודיני סנהדראות, להיות שמם וריחם נודף בכל הארץ, **ודומים במעשיהם לאנשי דור הפלגה הבונים מגדל וראשו בשמים**, ועיקר סיבת מעשיהם היא מה שנאמר אחר כך הכתוב - **ונעשה לנו שם**... והנה על הכת הזאת אמרו בגמרא כל העוסק בתורה שלא לשמה, נוח לו שנהפכה שליתו על פניו, ולא יצא לאויר העולם. ואמנם האנשים האלה מראים תימה וענוה באמרם כי כל עסקם בתורה הוא לשמה. והנה החכם הגדול התנא רבי מאיר ע"ה העיד עליהם שלא כך הוא, באומרו לשון כללות - כל העוסק בתורה לשמה זוכה לדברים הרבה וכו', **ומגלים לו רזי תורה, ונעשה כנהר שאינו פוסק**, והולך

וכמעיין המתגבר מאליו, בלתי הצטרכו לטרוח ולעיין בה, ולהוציא טיפין טיפין של מימי התורה מן הסלע, הנה זה יורה שאינו עוסק בתורה לשמה כהלכתה, ומי זה האיש אשר לא יזלו עיניו דמעות בראותו המשנה הזאת, **ורואה חסרונו ופחיתותו,** עד כאן לשונו. לכן כל אחד צריך לטעום מעץ החיים.

חצות לילה אקום להודות לך על משפטי צדקך. כתב רבינו אליהו מני זצ"ל רבו של הרי"ח הטוב, בספרו הקדוש כסא אליהו שער ד' וז"ל - ואם זיכך הוי"ה ללמוד בחכמת האמת, הנה עצה היעוצה היא שכל סדר הלימוד בנגלה תתנהג בו ביום דווקא. **אבל בלילה תלמוד בחכמת האמת, והעיקר הלימוד אחר חצות,** כי זה הלימוד צריך ישוב דעת הרבה, וכשיקוץ האדם אז דעתו מיושבת עליו יותר. גם גה הלימוד צריך הסתר והצנע, **וכל דבר שיהיה בלילה ובפרט אחר חצות יהיה נסתר יותר מן היום.** ותעשה ועד עם החברים בבית המדרש אם הוא צנוע, **או בביתך ותלמדו בכל לילה,** עד כאן לשונו. וישב ללמוד האדם בלילה תחת עץ החיים.

קראתי בכל לב ענני הוי"ה חקיך אצרה. בהקדמה[7] לשער ההקדמות מבאר הרב ז"ל - ואמנם אל יאמר אדם אלכה לי ואעסוק בחכמת הקבלה, מקודם שיעסוק בתורה במשנה ובתלמוד, כי כבר אמרו רבינו ז"ל - אל יכנס אדם לפרדס **אלא אם כן מלא כריסו בבשר ויין,** והרי זה דומה לנשמה בלתי גוף, שאין לה שכר ומעשה וחשבון, עד היותה מתקשרת בתוך הגוף, בהיותו שלם מתוקן במצות התורה בתרי"ג מצות. **וכן בהפך** בהיותו עוסק בחכמת המשנה והתלמוד בבלי, ולא יתן חלק גם אל סודות התורה וסתריה, כי **הרי זה דומה לגוף היושב בחושך,** בלתי נשמת אדם נר הוי"ה המאירה בתוכה, **באופן שהגוף יבש בלתי שואף ממקור חיים,** אשר זהו ענין אומרו במקום אחר ההוא הנזכר לעיל וז"ל - דאילין אינון דעבדי לאורייתא יבשה, ולא בעאן לאשתדלא בחכמת הקבלה וכו'. באופן כי התלמידי חכמים העוסקים בתורה לשמה, ולא לשמו, לעשות לו שם. צריך שיעסוק בתחילה בחכמת המקרא, והמשנה, והתלמוד, כפי מה שיוכל שכלו לסבול. ואחר כך יעסוק לדעת את קונו בחכמת האמת, וכמו שציוה דוד המלך ע"ה את שלמה בנו - דע את אלה"י אביך ועבדהו. ואם האיש הזה יהיה כבד וקשה בענין העיון בתלמוד, מוטב לו שיניח את ידו ממנו, אחר שבחן מזלו בחכמה זאת, ויעסוק בחכמת האמת. וזה שמבואר כל תלמיד חכם שאינו רואה סימן יפה בתלמוד בחמשה שנים, שוב אינו רואה, עד כאן דברי קודשו. ומזה כל אחד ואחד חייב להדבק במקור החיים.

חסדך הוי"ה מלאה הארץ חקיך למדני. בשער הגלגולים, בקדמה ט"ז כתב הרב ז"ל - עוד צריך שתדע, כי האדם צריך לקיים כל התרי"ג מצות, במעשה, ובדבור, ובמחשבה. וכמו שאמרו ז"ל על פסוק - זאת התורה לעולה ולמנחה וכו', כל העוסק בפרשת עולה, כאלו הקריב עולה וכו'. וכוונו בזה שהאדם מחוייב לקיים כל התרי"ג מצות בדבור, וכן על דרך זה במחשבה. ואם לא קיים כל התרי"ג בשלשה בחינות הנזכרות, מחוייב להתגלגל עד שישלים אותם. **עוד דע,** כי האדם מחויב לעסוק בתורה בארבעה מדרגות, **שסימנם פרד"ס,** והם, פשט, רמז, דרוש, סוד וצריך שיתגלגל עד שישלים אותם. ובהקדמה י"ז כותב הרב ז"ל, וז"ל - שהאדם **מחוייב לעסוק בתורה בארבעה מדרגות שבה,** והיא זאת, דע, כי כללות כל הנשמות

ע"ח ד"א ע"ד.

הם ששים רבוא ולא יותר. והנה התורה היא שרש נשמות ישראל, כי ממנה חוצבו, ובה נשרשו. ולכן יש בתורה ששים רבוא פירושים, וכלם כפי הפשט. וששים רבוא ברמז. וששים רבוא בדרש. **וששים רבוא בסוד.** ונמצא, כי מכל פירוש מן הששים רבוא פרושים, ממנו נתהווה נשמה אחת של ישראל, ולעתיד לבא כל אחד ואחד מישראל, ישיג לדעת כל התורה כפי אותו הפירוש המכוון עם שרש נשמתו, אשר על ידי הפרוש ההוא נברא ונתהווה כנזכר. וכן בגן עדן אחר פטירת האדם, ישיג כל זה. וכן בכל לילה כאשר האדם ישן, ומפקיד נשמתו ויוצאה ועולה למעלה, הנה מי שזוכה לעלות למעלה, מלמדים לו שם אותו הפירוש, שבו תלוי שרש נשמתו. ואמנם הכל כפי מעשיו ביום ההוא, כך באותה הלילה ילמדוהו, פסוק אחד, או פרשה פלונית, כי אז מאיר בו יותר פסוק ההוא משאר הימים. ובלילה האחרת יאיר בנשמתו פסוק אחר, כפי מעשיו של אותו היום, וכולם על דרך הפירוש ההוא אשר תלויה בו שרש נשמתו כנזכר, עד כאן דברי קודשו. ור"ל שכל יהודי ויהודי חייב להשיג את שורש נשמתו, וללמוד את סוד ה**חיים.**

יבאוני רחמיך ואחיה כי תורתך שעשעי. מבואר במדרש משלי - אמר רבי ישמעאל, בוא וראה כמה קשה יום הדין שעתיד הקדוש ברוך הוא לדון את כל העולם כולו בעמק יהושפט. בזמן שתלמידי חכמים באים לפניו, אומר לכל אחד מהם - כלום עסקת בתורה, אמר לו הן, אומר לו הקדוש ברוך הוא הואיל והודית, אמור לפני מה שקרית, ומה ששנית בישיבה, ומה ששמעת בישיבה. מכאן אמרו - כל מה שקרא אדם יהא תפוש בידו, ומה ששנה כמו כן, שלא תשיגהו בושה ליום הדין. מכאן היה רבי ישמעאל אומר - אוי הלה לאותה בושה, אוי לה לאותה כלימה, ועל זה ביקש דוד מלך ישראל בתפילה ובתחנונים לפני המקום ואמר - הוי"ה בוקר תשמע קולי בוקר אערך לך ואצפה. בא לפניו מי שיש בידו מקרא ואין בידו משנה, הקדוש ברוך הוא הופך את פניו ממנו, ושרי גיהנם מתגברים בו כזאבי ערב, ונוטלין אותו ומשליכין אותו לתוכה. בא לפניו מי שיש בידו שני סדרים או שלושה, אז הקדוש ברוך הוא אומר לו - בני, כל ההלכות למה לא שנית אותם, ואם אומר הקדוש ברוך הוא הניחוהו, מוטב, ואם לאו עושין לו כמידת הראשון. בא לפניו מי שיש בידו הלכות, הקדוש ברוך הוא אומר לו - בני, תורת כהנים למה לא שנית, שיש בה טומאה וטהרה, וטומאת שרצים וטהרת שרצים, טומאת נגעים וטהרת נגעים, טומאת נתקים ובתים וטהרת נתקים ובתים, טומאת זבים ולידה וטהרת זבים ולידה, טומאת מצורע וטהרתו, סדר ווידוי יום הכיפורים, וגזירות שוות, ודיני ערכים, וכל דין שדנו ישראל לא דנו אלא מתוכו. בא לפניו מי שיש בידו תורת כהנים, אומר לו הקדוש ברוך הוא - בני, חמישה חומשי תורה למה לא שנית, שיש בהם קריאת שמע, ותפילין, ומזוזה. בא לפניו מי שיש בידו חמישה חומשי תורה, אומר לו - בני, למה לא למדת הגדה, ולא שנית, שבשעה שחכם יושב ודורש, אני מוחל ומכפר עוונותיהם של ישראל, ולא עוד אלא בשעה שעונין אמן יהא שמיה רבה מברך, אפילו נחתם גזר דינם אני מוחל ומכפר להם עוונותיהם. בא לפניו מי שיש בידו הגדה, אומר לו הקדוש ברוך הוא - בני, תלמוד למה לא שנית, שנאמר - כל הנחלים הולכים אל הים והים איננו מלא, זה התלמוד, שיש בו חכמות הרבה. בא מי שיש בידו תלמוד, הקדוש ברוך הוא אומר לו - בני, הואיל ונתעסקת בתלמוד, **צפית במרכבה, צפית בגאוה,** שאין הנייה בעולמי, אלא בשעה שתלמידי חכמים יושבים ועוסקים בתורה, מציצין ומביטין ורואין והוגין המון התלמוד הזה - **כסא כבודי היאך הוא עומד. רגל הראשונה במה היא משמשת, שנייה במה היא משמשת, שלישית במה היא משמשת, רביעית במה היא משמשת, חשמל היאך הוא עומד, ובכמה פנים הוא מתהפך בשעה**

אחת, לאי זה רוח הוא משמש, הברק היאך הוא עומד, כמה פנים של זוהר נראין בין כתפיו, לאיזה רוח משמש, כרוב היאך הוא עומד, לאי זה רוח הוא משמש. גדולה מכולם עיון כיסא הכבוד, היאך הוא עומד, עגול הוא כמין מלבן, ומתוקן הוא, כמה גשרים יש בו, כמה הפסק בין גשר לגשר, וכשאני עובר באיזה גשר אני עובר, ובאי זה גשר האופנים עוברים, ובאיזה גשר הגלגלים עוברים. גדולה מכולם מצפורני ועד קודקודי, היאך אני עומד, כמה שיעור בפיסת ידי, וכמה שיעור אצבעות רגלי. גדולה מכולם כיסא כבודי, היאך הוא עומד, לאיזה רוח הוא משמש, באחד בשבת לאיזה רוח הוא משמש, בשני בשבת לאיזה רוח הוא משמש, בשלישי בשבת לאיזה רוח הוא משמש, ברביעי בשבת, בחמישי בשבת, בששי בשבת לאיזה רוח משמשין, וכי לא זהו הדרי, זהו גדולתי, זהו הדר יופי, שבבניי מכירין את כבודי במידה הזאת. ועליו אמר דוד - מה רבו מעשיך הוי"ה, כולם בחכמה עשית, מלאה הארץ קנייניך. עד כאן לשון המדרש. ממדרש זה לומדים על חובת כל אחד ואחד מישראל את לימוד כל חלקי הפרד"ס, ובעיקר את בחינת הסוד שבתורה, הנקרא[8] מעשה מרכבה, ובמעשה בראשית. ומבאר הרב בית לחם יהודה על השינוי שיש בפסוקים במעמד הר סיני, בפסוק אחד כתוב - ויחן שם **ישראל** תחת ההר. ומספר פסוקים יותר מאוחר כתוב וירא **העם** וינועו מרחק. וידוע כי כאשר כתוב בתורה **ישראל**, מדובר **בבני ישראל**, וכאשר כתוב **העם**, מדובר על **הערב רב**. וז"ל הרב בית לחם יהודה - ובזוהר בהעלותך דף קנ"ב ע"א קרי להעוסקים בחכמת האמת, אינון דהוי קיימי בטורא דסיני. וז"ל - חכימין עבדי דמלכא עלאה אינון דקיימו בטורא דסיני, לא מסתכלי אלא בנשמתא, דאיהי עיקרא דכלא אורייתא ממש וכו'. ונראה בעיני אם מותר, משמע אותן שאינם יודעים סודות התורה לא עמדו על הר סיני, עד כאן לשונו. ונראה לי בביאור כוונתו כי בתחלה כשיצאו ישראל לקראת האלהי"ם, היו מתייצבים בתחתית ההר, ואחר כך נאמר וירא העם וינועו ויעמדו מרחוק, כי היו יראים פן תאכלם האש הגדולה הזאת וימיתו. והיה מקצת מהעם שהיו ששים ושמחים לקראת השכינה, ולא רצו לזוז ממקומם הראשון, ולעמוד מרחוק, אפילו אם ימיתו ממש. ועליהם הוא מה שכתב בזוהר הנזכר - אינון דקיימו בטורא דסיני, כלומר ולא נעו ועמדו מרחוק, אלא עמדו בטורא דסיני מתחלה ועד סוף, ולכן הם זוכים לחכמת האמת. ואותם הנשמות אשר נעו עם העם ועמדו מרחוק, כן הם עושים גם עתה, שנסים ועומדים מרחוק לחכמת האמת מיראתם, פן תאכלם האש הגדולה הזאת. ולכן על כל אחד ואחד מבני ישראל הקדושים מחויב לעמוד תחת עץ החיים.

יראיך יראוני וישמחו כי לדברך יחלתי. בספר הזוהר הקדוש מבואר מדוע התפילות של בני ישראל לא נענות, וז"ל תיקוני הזוהר תיקון מ"ג - **בראשית תמן את"ר יב"ש** במלת בראשית יש אותיות את"ר יב"ש, **ודא איהו ונהר יחרב ויבש** היסוד הנקרא נהר יחרב ויבש ממי השפע, ואין לו מה להשפיע למלכות, **בההוא זמנא דאיהו יבש** באותו הזמן שהיסוד הוא יבש, **ואיהי יבשה** המלכות הנקראת יבשה, היא יבשה כי לא מקבלת שפע מהיסוד, אז כאשר **צווחין בניין לתתא** מתפללים וצועקים בני ישראל, **ביחודא ואמרין** וביחוד שאומרים בני ישראל **שמע ישראל** שיבא ז"א הנקרא ישראל להתיחד עם נוקבא בשעת התפילה דעמידה, עם כל זאת **ואין קול** של התפילה או הקריאת שמע שעוזרים לזיווג דזו"ן **ואין עונה** ואין מי שיענה וימלא את הבקשות בתפילתם. **הדא הוא דכתיב** וזהו שכתוב - **אז** בני ישראל יקראונני

גמרא חגיגה די"א ע"ב

בני ישראל בעת צרתם בקריאת שמע ובתפילה, **ולא אענה** ואני לא אענה אותם בתפלתם, מפני שלא לומדים ומתעסקים בפנימיות התורה. **והכי מאן דגרים דאסתלק** וכל מי שגורם הסלקות פנימיות תורת הקבלה **וחכמתא מאורייתא דבעל פה ומאורייתא דבכתב** מהתורה שבעל פה והתורה שבכתב, **וגרים דלא ישתדלון בהון** וגורמים גם לאחרים שלא יתעסקו וילמדו את חכמת הקבלה, **ואמרין דלא אית אלא פשט באורייתא ובתלמודא** ואומרים שאין בתורה ובתלמוד אלא פשט התורה, בלי פנימיות הסוד, **בודאי כאלו הוא יסלק נביעו מההוא נהר** בודאי נחשב לו כאילו הוא מסתלק את נביעת שפע החכמה והבינה מן היסוד, **ומההוא גן** ומן הנוקבא הנקראת גן, **ווי ליה** לאותו יהודי **טב ליה דלא אתברי בעלמא** טוב לו שלא היה נברא, **ולא יוליף ההיא אורייתא דבכתב ואורייתא דבעל פה** ולא היה לומד תורה שבכתב ותורה שבעל פה, כי דינו כעם הארץ שלא למד כלל, ועוד **דאתחשב ליה כאלו אחזר עלמא לתהו ובהו** שנחשב לו כאילו החזיר את העולם לתהו ובהו, ר"ל לסוד שבירת הכלים לפי שמגביר הקליפות כאשר הנהר והגן יבשים, **וגרים עניותא בעלמא ואורך גלותא** וגורם עניות בעולם ומאריך את הגלות השכינה וביאת המשיח. עד כאן דברי הזוהר הקדוש. וכותב רב חיים ויטאל זלה"ה בהקדמה וז"ל - אמנם שעשועות של הקדוש ברוך הוא בתורה, והיותו בורא בה את העולמו, היתה בהיותו עוסק בתורה בבחינת הנשמה הפנימית שבה, הנקרא - רזי תורה, הנקרא מעשה מרכבה, **היא חכמת הקבלה** כנודע אל היודעים, וטעם הדבר הוא להיותו עולם האצילות העליון מאד, טוב ולא רע, דלא יכיל להתערבא עמיה קליפה, ועליה אתמר - וכבודי לאחר לא אתן, כנזכר בספר התיקונין דף ס"ו תיקון י"ח, וכן בספר הזוהר בפרשת בראשית דף כ"ח ע"א עיין שם. ולכן גם התורה אשר שם [**אח**]**"י** - בעולם האצילות] איננה רק מופשטת מכל לבושי הגופנים, מה שאין כן למטה בעולם היצירה, עולם דמטטרו"ן, הנקרא עבד טוב, והוא הנקרא עץ הדעת טוב מסטרא, ומסטרא דסמא"ל שהוא קליפין דיליה, **נקרא עבד רע**, כי התורה אשר שם, הם שית סדרי משנה **הנקראים שפחה** כנזכר לעיל, וכנזכר בפרשת בראשית שם דף כ"ז ע"א. ולכן נקראת משנה, לפי ששם יש שינויים הפוכים **טוב מסטרא דעבד טוב**, היתר, כשר, טהור. **רע מסטרא דעבד רע**, איסור, טמא, פסול. גם הוא מלשון כי מרדכי היהודי משנה למלך, שהיה שפחה הנקרא עבד מלך, מלך גם נקרא מלשון שינה, כנזכר בפרשת פינחס דף רמ"ד ע"ב - קם זמנא תנינא ואמר, מארי מתניתין נשמתין ורוחין ונפשין דילכון אתערו כען ואעברו שינתא מניכון דאיהו, ודאי משנה אורח פשט, דהאי עלמא ואנא לא אתערנא בכו, אלא ברזין עילאין דעלמא דאתי דאתון בהון, לא ינום ולא ישן. וזה יובן במה שמבואר יותר למעלה שם - **ורבנן דמתניתין ואמוראי, כל תלמודא דלהון על רזין דאורייתא סדרו ליה**. ונמצא כי המשנה והש"ס הם הנקרא גופי תורה. והנה דבריהם כחלום בלי פתרון, **ורזיה וסתריה הפנימים הנקרא נשמת התורה, הם הם פתרון החלום הנפתר בהקיץ**, בסוד - אני ישנה ולבי ער, וכמו[9] שאמרו חכמים ז"ל - **במחשכים הושיבני כמתי עולם, זה תלמוד בבלי**, אשר איננו מאיר אלא על ידי ספר הזוהר, **הם הם רזי תורה וסתריה** אשר עליהם נאמר - ותורה אור. ואין ספק כי כמו שהיצר נקראת עבד ושפחה בערך האצילות, ונקרא קליפין ולבושין דחול, כנזכר בהקדמת ספר התיקונין ד"ג ע"ב וז"ל - וביומי דחול לביש עשר כתות דמלאכיא דמשמשי לעשר ספירות דבריאה. ואם כן לתמוה כי התורה אשר שם שהיא המשנה, תהיה נקרא שפחה וקליפין דתורה דאצילות, וזה סוד כל הבשר חציר הנזכר

סנהדרין דכ"ד ע"א.

לעיל במאמר הראשון, כי כמו שהחטה שהיא בגימטריא כמנין כ"ב אותיות התורה, הגנוזה תוך כמה קליפין ולבושין שהם הסובין והמורסן והתבן והקש והעשב, הנקרא חציר, כן המשנה אצל סודות התורה נקרא חציר, וזה נרמז בספר הזהר פרשת כי תצא ברעיא מהמנא דף רע"ה ע"ב - **אצל רבנן ווי לאינון דאכלין תבן דאורייתא, ולא ידעי בסתרי אורייתא, אלא קלין וחמורין דאורייתא, קלין אינון תבן דאורייתא, וחמורין אינון חטה דאורייתא, ח"ט ה' אלנא דטוב ורע וכו'**. ואלו באתי להרחיב דרוש זה לא יספיקו מאה קונטרסין בלי ספק בלי שום גוזמא, האמנם החכם עיניו בראשו כי דברי אמת אני אומר, ואל יתמה האדם בראותו ספר הזהר איך קורא אל המשנה שפחה וקליפין, כי עסק המשנה כפי פשטיה, **אין ספק שהם לבושין וקליפין חיצונים בתכלית אצל סודות התורה הנגנזים**, ונרמזים בפנימיותה כי כל פשטיה הם בעלם הזה בדברים חומרים תחתונים..... על כן על כל בני ישראל לאכול מעץ החיים.

מ‍ה אהבתי תורתך כל היום היא שיחתי. ומבאר הרב ז"ל בהקדמה לשער המצות, כי עסק לימוד פנימיות התורה הוא חלק בלתי נפרד מתלמוד תורה, וז"ל - גם בענין עסק התורה שהיא אחת מרמ"ח מצות עשה, אם לא השלים אותה, **שהוא ענין עסקו בפרד"ס התורה**, שהוא ראשי תיבות **פ**שט **ר**מז **ד**רש **ס**וד, בכל בחינה מהם כפי אשר יוכל להשיג, **עד מקום שידו מגעת**, לטרוח ולעשות לו רב שילמדנו. ואם לא עשה כן, הרי חסר מצוה אחת של תלמוד תורה, שהיא גדולה ושקולה ככל המצות, וצריך **להתגלגל** עד שיטרח הארבעה בחינות של פרד"ס כנזכר. וכן מבאר הרב בית לחם יהודה בהקדמתו הקדושה, וז"ל - ומה מאד נמלצו [**אח"י** - מלשון מליצה] בזה דברי הנביא ירמיה)סימן כ"ב(באומרו - אל תבכו למת וכו'. שהוא מדבר עם הציבור המתקבצים להספיד על איזה צדיק הנפטר רח"ל, על שנחסר צדיק אחד מהדור שהיה מנין בזכותו עליהם. וקאמר להו הנביא אל תבכו וכו', **לפי שרובם של צדיקים אינם זוכים לעסוק בכל ארבעה חלקי הפרד"ס, ואם כן מוכרחים הם לחזור ולבוא בגלגול כדי להשלים לימודם בארבעה חלקים**, כי אפילו הוא עסק בשלוש חלקי הפרד"ס, לא יצא ידי חובתו, ועליו נאמר הן כל אלה יפעל א"ל פעמים שלש עם גבר, להחזירו בגלגול. ואם כן הוי פסידא דהדרא. ואפשר שבו ביום שנפטר הוא חוזר ומתגלגל, כנזכר בזוהר ריש פרשת אמור, יעו"ש. ואם כן אין לכם פסידא כל כך. אמנם בכו בכו להלך, לאותו צדיק שכבר עסק בארבעה חלקי הפרד"ס. כי תיבת להלך היא חסר ו', ואם תחשוב תיבת להלך ארבעה פעמים עם ארבעה הכוללים, שהם כנגד ארבעה חלקי הפרד"ס, הם בגימטריא פרד"ס. **שזה הצדיק לא ישוב עוד וראה את ארץ מולדתו, כי על ארבעה לא אשיבנו.** שזהו פסידא דלא הדרא באמת, ונחסר לגמרי מן העולם הזה, עד כאן לשונו. ולכן חובה על כל אדם לעסוק בכל חלקי הפרד"ס, ובפרט בחלק הסוד, הנקרא פנימיות התורה, כמבואר בזוהר הקדוש כמובא בזוהר הקדוש פרשת נשא דף קכ"ד - **בהאי חבורא דילך דאיהו ספר הזוהר יפקון ביה מן גלותא ברחמי**, בזכות הלימוד בספר הזוהר הקדוש, יצאו בני ישראל מהגלות **ברחמים**. ועוד כל מי שחשקה נפשו ללמוד, אסור למנוע זאת ממנו, בסוד הפסוק[10] - אל תמנע טוב מבעליו, ועל כל אדם להיכנס לפרד"ס החיים.

משלי ג' כ"ז – אל תמנע טוב מבעליו בהיות לאל ידך לעשות.

אשרי האיש אשר לא הלך בעצת רשעים ובדרך חטאים לא עמד ובמושב לצים לא ישב. דע כי יהיו הרבה אנשים רשעים, שינסו למנוע מבני ישראל הקדושים ללמוד בכללות תורה, ובפרט את תורת הקבלה, מכל מיני סיבות ומניעות, והשטן מדבר מגרונם של אלו הרשעים. ואלו דברי קודשו של בעל שבט מוסר רבינו אליהו הכהן האתמרי זצלה"ה - ובהביטך בן אדם מה שעבר על אחרים למה תרדוף אתה אחר כל אלה הדברים הזרים, להשביע נפש מרורים ולמוסרה ביד צרים המה המקטרגים הצוררים, ולמה לא תחמול על נפשך ועל נועם תבנית צלם גופך למוסרו בידן ולהשליכו בתוך גחלי רתמים בטיט היון של גיהנם, להשחירו ולהתיכו כאשר ניתך הזפת בפני האש, אשר על כן תן עצה אתה בנפשך **לברור בדרך החיים בעסק התורה והמצות,** וגם להצטער עצמך זמן קצוב הם חיי עולם הזה, כדי שתתענג זמן רב בלתי סוף ותכלית, ואל יעלה על דעתך כאשר עלה בדעת הרבה שנאבדו בידם באומרם כיון שמכיר אני בעצמי שאין בדעתי להבין ולהשכיל, איני עוסק בתורה, טועה הוא בדבר, שהרי הוא מחויב לעשות מה שנצטוה לעשות, ואם יבין יבין, **שהרי והגית בו יומם ולילה כתיב** ולא כתיב ותבין בו, וכן תמצא בדברי התנא אם למדת תורה הרבה נותנין לך שכר הרבה, ואינו אומר אם הבנת הרבה, אלא למדת אמרו, ותשתדל להבין ואם תבין תבין, ואם לא שכר לימודך בידך, וכמאמר התנא לפום צערא אגרא, ומה גם שאמרו האדם איני לומד מפני שאיני מבין, **הוא פיתוי היצר,** יתמיד בלימודו וסוף הבינה לבא, שבראות קדוש ברוך הוא **חשקו בתורתו ודבקותו בה, פותח לו מעייני החכמה,** דכתיב - כי הוי"ה יתן חכמה מפיו דעת ותבונה. והנני מוסר לך דבר אשר תרדוף אחריה, ויהיה חיים לנפשך וענקים לגרגרותיך, **לעולם יהיה עיקר לימודך בדבר של תורה שליבך חפץ יותר,** אם בגמרא גמרא, ואם בדרוש דרוש, ואם ברמז רמז, **ואם בקבלה קבלה,** ורמז לדבר כי אם בתורת הוי"ה חפצו, כלומר תורת הוי"ה תלויה בדבר שלבו חפץ לעסוק, וכמו שמבאר האר"י זלה"ה בספר דרושי הנשמות והגלגולים פרק שלישי, וז"ל - יש בני אדם שכל חפצם ועסקם בפשטי התורה, ויש שעסקם בדרוש, ויש ברמז, ויש גם כן בגימטריות, **ויש בדרך האמת,** הכל כפי מה שעליו נתגלגל בפעם ההוא, כיון שהשלים פעם אחרת בשאר העניינים, אין צורך לו שבכל גלגול יעסוק בכולם, עד כאן לשונו. **ואל תביט ותשגיח לדברי המתנגדים על מה שחשקת לעסוק בתורה** בגמרא או בפשט או בדרוש וכו', באומרם לך למה אתה מוציא כל ימיך בפרט זה של תורה ולא בפרט זה, משום שעל מה שחשקת ללמוד, על דבר זה באת לעולם, ואם תשים דעתך לדבריהם, יכריחוך להתגלגל בזה העולם פעם אחרת ולעבור נפשך בחרב חדה של מלאך המות ולטעום טעם מיתה, ולכן לא תשמע לדברי המשחית נפשך, **כי דע שהשטן מתלבש באלו האנשים לדאוג ולהצטער ולהכאיב נפש הלומד ועוסק בתורה,** בחלק שֶׁאָנַתָה נפשו לעסוק, כדי להבדילו משם שלא ישלים נפשו, על מה שבא להשלימה, ולהכריחו גלגולים אחרים, וכשם שבדבר שחושק יותר האדם ללמוד, משם יבין שעל דבר זה נתגלגל להשלים, כך צריך האדם שידע שורש נשמתו ומהיכן נמשך ועל מה בא לתקן ולהשלים, כמו שאמר בזוהר שיר השירים על הגידה לי את שאהבה נפשי וכו'. **וכדי שיבין יראה באיזה מצוה תקיף יצרו יותר לבטלה יתחזק בה לקיימה, כי בוודאי על מצוה זו נתגלגל,** וכדי שלא ישלים חוקו מנגדו יצרו לבטלה להוציאו מן העולם בידיים ריקניות... ולכן לא תשמע לדברי רשעים אלו, אלא תשמע לדברי חיים.

חבר אני לכל אשר יראוך ולשמרי פקודיך. בסוף[11] עץ חיים מובא מספר כללים למהרח"ו, וז"ל - להאר"י זלה"ה. הרמב"ן וחבריו ודברי ראשונים כמו רבי נחוניא בן הקנה לא הזכירו רק עשר ספירות, ולא גילו ענייני פרצוף כלל. **ודע שהרמב"ן והראשונים היו יודעים בפרצוף**, אלא שדברו בהעלם גדול, לרוב הגלות שלא ניתן רשות לגלות, ולהתפשט האורות הגדולים, מאחר שגברו הקליפות, וכל זר לא יאכל קדש. **אמנם בעקבות משיחא כמו בדורינו זה התחילו האורות להתפשט להיות כבראשונה**, כמו שהיה בזמן העולם מתוקן ולהתתקן מעט. ומתחלה היו האורות סתומים, היה העולם מקולקל, וכל מה שנתקלקל נסתם בגלות, ולא היו משיגין אלא עשר ספירות בסתום, בסוד הנקודות, כל אחד כלול מעשר, ובענין הפרצופים לא נתגלה להם כלל, לפי שמצאו בדברי הראשונים סתומים, ולא ידעו עומק הדברים, וחשבו שכך הוא ודברו בעשר ספירות כל אחד כלול מעשר ובחינות הרבה, ולפי שראיתי מי שחולק על דברים אלו לאמור שלא מצינו אלא עשר ספירות, ומהיכן יש לשלוט כח לאמור כמה פרצופים שנמצא יותר מעשר ספירות, ומספר רב והלא הראשונים כתבו בספר יצירה - עשר ולא תשע, עשר ולא י"א, לזה באתי לפתוח לך כחודא דמחטא, אולי תזכה להבין מקצת, וכולו לא תשורנו עין, וזהו. ובהקדמתו[12] הקדושה כותב כותב הרב ז"ל - והנה אין בכל דור ודור שלא נמצאו בו אנשים יחידי סגולה ששרתה עליהם רוח הקודש, והיה אליהו הנביא ז"ל נגלה עליהם, **ומלמד אותם סתרי החכמה הזאת**, וכמו שנמצא כתוב בספרי המקובלים, גם בעל ספר הרקנטי כתב בפרשת נשא בפרשת ברכת כהנים...... ואנשי לבב שמעו לי, אל יהרסו אל הוי"ה, **לראות בספרי האחרונים הבנויים על פי השכל האנושי**, ושומע לי ישכון בטח ושאנן מפחד רעה. ולכן אני הכותב הצעיר חיים וויטאל, רציתי לזכות את הרבים **בהעלם נמרץ והמשכילים יבינו**, וקראתי שם החבור הזה על שמי **ספר עץ חיים**, וגם על שם החכמה הזאת העצומה, חכמת הזוהר, הנקרא עץ חיים, ולא עץ הדעת כנזכר לעיל, בעבור כי בחכמה הזאת טועמיה חיים זכו, ויזכו לארצות החיים הנצחיים, **ומעץ החיים הזה ממנו תאכל, ואכל וחי לעולם**. ואשכילך ואורך דרך זו תלך דע מן היום אשר מורי זלה"ה החל לגלות זאת החכמה, **לא זזה ידי מתוך ידו אפילו רגע אחד**, וכל אשר תמצא כתוב באיזה קונטריסים על שמו ז"ל, ויהיה מנגד מה שכתבתי בספר הזה, **טעות גמור הוא, כי לא הבינו דבריו, ואם יש בהם איזה תוספות שאינו חולק עם ספרינו זה, אל תשית לבך בקבע אליו, כי שום אחד מהשומעים את דברי קדשו, לא ירדו לעומק דבריו וכוונתו, ולא הבינום**, בלי שום ספק. ואם יעלה בדעתך לחשוב שתוכל לברור הטוב ולהניח הרע, אל בינתך אל תשען, כי אין הדברים האלו מסורים אל לב האדם כפי שכל אנושי, והסברא בהם סכנה עצומה, ויחשב בכלל קוצץ בנטיעות חס ושלום, לכן הזהרתיך ואל תסתכל בשום קונטרסים הנכתבים בשם מורי זלה"ה, זולתי במה שכתבנו לך בספר הזה, **ודי לך בהתראה זאת**, אלו הם דברי קדשו. ועלינו ללמוד אך ורק בתורת מורינו חיים.

אני קראתיך כי תעעני אל הט אזנך לי שמע אמרתי. עוד כתב הרב ז"ל בהקדמתו תנאים כדי לזכות לחחכמה הקדושה הזאת, וז"ל - אני הכותב משביע בשמו הגדול יתברך, לכל מי שיפלו

11

ע"ח ח"ב דקי"ט ע"א.

12

ע"ח ד"ד ע"ב.

הקונרטסים אלו לידו, שיקרא הקדמה זאת, ואם אותה נפשו לבוא בחדרת החכמה זאת, יקבל עליו לגמור ולקיים כל מה שאכתוב ויעיד עליו יוצר בראשית, שלא יבוא אליו היזק בגופו ונפשו, ובכל אשר לו, ולא לאחרים. תחת רודפו טוב והבא לטהר ולקרב. **ראשית הכל יראת הוי''ה, להשיג יראת העונש, כי יראת הרוממות, שהוא יראה הפנימית, לא ישיגוהו רק מתוך גדלות החכמה**, ועיקר מגמתו בידיעה הזה יהיה לבער קוצים מן הכרם, כי לכן נקראים העוסקים בחכמה הזאת מחצדי חקלא. **ובודאי שיתעוררו הקליפות נגדו לפתותו ולהחטיאו, לכן יזהר שלא לבוא לידי חטא אפילו שוגג**, שלא יהיה להם שייכות בו, לכן צריך ליזהר מהקלות, כי הקדוש ברוך הוא מדרדק עם הצדיקים כחוט השערה, לכן צריך לפרוש עצמו מבשר ויין כל ימות השבוע, **וצריך הזהרת סור מרע ועשה טוב**, ובקש שלום. בקש שלום צריך להיות רודף שלום, ולא להקפיד בביתו על דבר קטן וגדול, וכל שכן שלא יכעוס ח"ו.

וצריך להתרחק בתכלית הריחוק סור מרע.

א. ליזהר בכל דקדוקי מצות, ואפילו בדברי חכמים, שהם בכלל לא תסור.

ב. לתקן המעוות קודם שיבא לעולם הבא.

ג. יזהר מהכעס, אפילו בשעה שמוכיח את בניו, לא יכעוס כלל ועיקר.

ד. גם צריך ליזהר מהגאוה, ובפרט בענין הלכה, כי גדול כחה והגאוה, בזה עון פלילי.

ה. בכל צער שיבא לו, יפשפש במעשיו וישוב אל הוי"ה.

ו. גם יטבול בעת הצורך לו.

ז. גם יקדש את עצמו בתשמיש המטה שלא יהנה.

ח. שלא יעבור כל לילה ויחשוב בכל לילה מה שעשה ביום, ויתודה.

ט. גם ימעט בעסקיו ואם אין לו פרנסה כי אם על ידי משא ומתן, יכין יום שלישי ויום רביעי, מחצי היום ואילך, ובכוונה שהוא לעבודת קונו.

י. כל דבור שאינו של מצוה והכרחי, יהיה זהיר ממנו, ואפילו דבר מצוה ימנע בשעת התפלה.

ועשה טוב

א. לקום בחצי הלילה, ולעשות הסדר בשק ואפר ובכי גדול, ובכוונה כל אשר יוציא בשפתיו. ואחר כך יעסוק בתורה כל זמן שיוכל להיות בלי שינה, ובלבד שחצי שעה קודם עלות השחר יתעורר לעסוק בתורה.

ב. ילך לבית הכנסת קודם עלות השחר, קודם חיוב טלית ותפילין, להיזהר שיהיה מעשרה ראשונים.

ג. קודם שיכנס, ישים אל לבו מצות עשה ואהבת לרעך כמוך, ואחר כך יכנס.

ד. להשלים רמז צדיק בכל יום. שהוא צ' אמנים, ד' קדושות, י' קדשים, ק' ברכות.

ה. שלא להסיח דעתו מהתפילין בעת התפילה, זולת בעת העמידה ועסק התורה.

ו. צריך שיהיה עוסק בתורה, מעוטף בטלית ותפילין.

ז. לכוין בתפלה הכוונות, כמו שנבאר בע"ה.

ח. שישים תמיד נגד עיניו שם בן ארבעה אותיות הוי"ה, ויזדעזע ממנו, כמו שכתוב - שויתי הוי"ה לנגדי תמיד.

ט. שיכוין בכל הברכות, בפרט בברכת הנהנין.

י. צריך שיהיה עמל בתורה פרד"ס, שנאמר או יחזיק במעוזי, ואל יחשוב שיגלו לו רזי התורה בהיותו ריק, כדכתיב - יהב חכמתא לחכימין, וצריך ליזהר שלא יוציא בשפתיו בחכמה זו, מה שלא שמע מאדם שראוי לסמוך עליו, וכאזהרת רשב"י וחבריו. השגת החכמה תנאי הראשון, צריך למעט דבורו, ולשתוק, כל מה שיוכל כדי שלא להוציא שיחה בטילה, כמאמר רז"ל - סייג לחכמה שתיקה. גם תנאי אחר, על כל דבר תורה שלא תבינהו, תבכה עליו כל מה שתוכל. גם עלית הנשמה בלילה לעולם העליון, שלא תשוט בהבלי העולם, תלוי שתישן בבכיה. ומרת עצבות מגונה עד מאוד, ובפרט להשיג חכמה, והשגה אין לך דבר מונע השגה יותר מזה. גם בענין השגת האדם, אין לך דבר שמועיל כמו הטהרה והטבילה, שיהיה האדם טהור, בכל עת ומורי זלה"ה עם היות שהיה לו חולי השבר שהקור מזיק לו, עם כל זה לא היה מונע מלטבול בכל עת, עד כאן דברי קודשו. ועלינו לקיים את בקשת הרב ז"ל את הבחינות של[13] סור מרע ועשה טוב, כדי לטפס בעץ החיים.

מרן הרש"ש מעיד[14] על עצמו, וז"ל - וראיתי מה שכתבו מעלת כבוד תורתם, על ענין עבודת הוי"ה שקיצרתי במקום שהיה ראוי להרחיב מעט הדיבור, אמת הוא כי לכתחילה קיצרתי בו, **יען ראיתי כמה מהנזק יצא ממה שכתבו בזה המקובלים שקדמו, כי רבים חללים הפילו, וחלול כבוד הוי"ה, וכבוד התורה. הוי"ה יכפר בעדם, כי כל דבריהם לא על פי התורה הם, ואינם מיוסדים על האמת, ומהם יצאו אבות, ומאבות תולדות הריסת יסודי התורה ח"ו**, הוי"ה יכפר. וכל זה לא שלמדתי בדבריהם ח"ו, אלא שפעם אחת הוכרחתי בעל כרחי לעיין בדף אחד שכתוב בו קצור מה שכתבו בענין זה, **וכמעט שקרעתי בגדי לראות דברים אשר לא כן על הוי"ה.** הוי"ה יכפר, וכבר מילתי אמורה להם, **כי עידי בשמים כי כל עסקי ולמודי, אינו רק בדברי האר"י זלה"ה, ותלמידו מהרח"ו ז"ל לבדם, ובלעדם אין לי עסק בשום ספר מספרי המקובלים ראשונים ואחרונים, ואפילו בדברי שאר תלמידי האר"י ז"ל לא למדתי, וכשיזדמן לפני דבר מדבריהם, אני מדלגו.** כי על כן איני כמזהיר, אלא כמזכיר, למען הוי"ה אל יהי לכם מגע יד בדבריהם, ובפרט בענין זה, השמרו לכם פן יפתה לבבכם, **אלא כל לימודם לא יהיה אלא בעץ חיים ובספר מבוא שערים ובשמונה שערים המפורסמים**, שכולם דברי אלהי"ם חיים. ואני קצרתי בענין זה כל מה שאפשר, כי יראתי פן יפלו אלו דפים ביד מי שעדיין לא למד דברי האר"י ז"ל כראוי, **ויחשידני שלמדתי בספרים אחרים, ולא כן הוא כאמור**, ולכן קצרתי בו, ופיזרתי בהקדמה, עד כאן דברי קודשו של מרן הרש"ש. ואנחנו תפילה שיתגלה משיח צדיקנו במהרה בימינו, ומלאה[15] הארץ דעה את הוי"ה כמים לים מכסים, דעת תורת החיים.

---

¹³

תהלים ל"ד ט"ו – סור מרע ועשה טוב בקש שלום ורדפהו.

¹⁴

נהר שלום דף ל"ד ע"א.

¹⁵

ישעיהו י"א ט' – לא ירעו ולא ישחיתו בכל הר קדשי כי מלאה הארץ דעה את הוי"ה כמים לים מכסים.

כתב רבינו גאון הקבלה רבי אליהו מני, רבו של הרי"ח הטוב, רבי יוסף חיים בעל הספר "בן איש חי", בספרו הקדוש **כסא אליהו** כי על הלומד ללמוד כל מאמר ומאמר ארבעה חמשה פעמים בלי המפרשים, וינסה להבין את המאמר בעצמו. ואחר כך ילך לראות אם כיוון לדעת המפרשים.

וכן אני הקטן מבקש בכל לשון של בקשה, ללמוד את הדרוש כמו שהוא מובא בספר עץ חיים, ארבעה חמישה פעמים, כדי לנסות להבין את הדרוש. וכל דרוש מובא בתחילת הספר במלואו.

אחר כך יכנס ללמוד את הדרוש עם ביאור הדברים, עוד ארבעה חמישה פעמים, ואחר כך יראה את המקורות להגהות, ודברי רבותינו הקדושים, עם התרשימים וטבלאות.

ואז יעלה ויצליח בלימוד תורת האר"י החה"י.

כתב רבינו **השד"ה** רבי שאול דווייק הכהן, בהקדמת ספרו איפה שלימה, על אוצרות חיים וז"ל - וכדי שיוכל לעלות לימודו למעלה, ריח ניחוח לה'. קודם כל לימוד ימסור עצמו על קדושת ה', כי זה מועיל מאוד, כמו שכתוב בשער הכוונות דף כ"ד ע"ב, כי עתה בזמנינו בעוונתינו הרבים אין יכולת לעשות זווג כתיקונו למעלה, ולסיבה זו הקץ מתארך וכו'. אמנם עם כל זה יש קצת תיקון במה שנמסור נפשינו על קידוש ה' בכל הלב, כי על ידי כן אפילו אין בנו שום מעשים טובים, והרשענו עד להפליא. הנה על ידי מסירת נפשינו להריגה, מתכפרים עוונתינו כולם, ויש בנו יכולת לעלות עד אימא עילאה, כמו שאמרו חז"ל - גדולה תשובה שמגעת עד כסא הכבוד, שנאמר - שובה ישראל עד ה' וכו', עד כאן דבריו.

וזה הסדר

יקבל עליו ארבע מיתות בית דין, מארבעה אותיות הוי"ה וארבעה אותיות אדנ"י, וליחדם על ידי ארבעה אותיות אהי"ה ועל ידי עסמ"ב

יוֹד הֵי וִיו הֵי	וליחדם על ידי **א**	**א** י	סקילה
יוֹד הֵי וָאו הֵי	וליחדם על ידי **ה**	**ד** ה	שרפה
יוֹד הֵא וָאו הֵא	וליחדם על ידי י	**ג** ו	הרג
יוֹד הֵה וו הֵה	וליחדם על ידי **ה**	**ה** י	וחנק

לְשֵׁם יְזזוּד
קַדְשָׁא בְּרִיךְ הוּא וּשְׁכִינְתֵּהּ

יאההדונהי

בִּדְזזִילוּ וּרְזזִימוּ   וּרְזזִימוּ וּדְזזִילוּ

יאהדוידהה   איההויהה

לְיַחֲדָא אוֹתִיּוֹת י"ה בְּו"ה, בְּיִזזוּדָא שְׁלִים

יְהֹו"ה

בְּשֵׁם כָּל יִשְׂרָאֵל, לְאַקָמָא שְׁכִינְתָּא מֵעַפְרָא, הָרֵינִי לוֹמֵד בַּסֵּפֶר
קַבָּלָה פְּלוֹנִי שֶׁהוּא כְּנֶגֶד תִּפְאֶרֶת דז"א בְּעוֹלָם הָאֲצִילוּת שֶׁבּוֹ
שֵׁם מ"ה כָּזֶה יוֹ"ד הֵ"א וָא"ו הֵ"א לַעֲשׂוֹת מֶרְכָּבָה. וִיהִי רָצוֹן
מִלְפָנֶיךָ ה' אֱלֹהֵינוּ וֵאלֹהֵי אֲבוֹתֵינוּ שֶׁתְּזַכֵּךְ רוּוחֵנוּ וּנְפָשֵׁינוּ שֶׁיִּהְי
רְאוּיִם לְעוֹרֵר מַיִן תַּתָּאִין עַל יְדֵי קְרִיאַת סֵפֶר הַקַּבָּלָה הַזֹּאת.
וִיהִי נֹעַם יְהֹוָה אֱלֹהֵינוּ עָלֵינוּ וּמַעֲשֵׂה יָדֵינוּ כּוֹנְנָה עָלֵינוּ וּמַעֲשֵׂה
יָדֵינוּ כּוֹנְנֵהוּ.

בָּרוּךְ ה' לְעוֹלָם אָמֵן וְאָמֵן, נָצַח, סֶלָה, וָעֶד.

שער ה' פרק ד'

הנה כתר דאבא הם טעמי' וט"ס אחרו' הם נקודו' וכתר דאמא הם תגין וט"ס אחרות הם אותיות ופי' ענין זה הוא. דע כי כל ד' בחי' אלו של תנת"א הם כולם צורת אותיות ג"כ אלא שאותיות כתר דאבא הם צורות טעמים וט"ס אחרות הם צורות נקודות ואותיו' כתר דאמא הם בצורות תגין וט"ס אחרו' הם צורו' אותיות ממש כמו שלנו הידועים באלפא ביתא. ואמנם ודאי שכולם הם בחי' אותיות ממש כיצד הרי טעמים הם אותיות בצורת טעמים שהם עגולים והאות מחוברת ומורכבת מעגולים רבים כזה 0 ועד"ז הם הנקודות שבט"ס התחתונים דאבא שהם אותיות מורכבים ומחוברים מנקודות כזה 0 ועד"ז הם התגין שבכתר אימא שהם אותיות מורכבי' ומחוברי' מתגין רבים כזה 0 וכבר כתוב ענין זה בתיקונים דקכ"ו ע"ב וז"ל אלין נקודין דאתוון מלאים עינים וגבותם מלאות עינים מנייהו כגוונא דא כו' ע"ש ציורם והבן זה היטב וביאור ענין זה כך היא. כי הנה כל מדריגה התחתונה היא מגלת את העליונה כי הנה הבינה יש תגין בכתר שלה והאותיות שיש בתשעה ספי' שלה הם אותיות של השמות של צורת תגין העליונים וכן צורת תגין שבכתר אמא הם אותיות של שמות הנקודות שבט"ס דאבא ואלו האותיות נקראו תגין והמשל בזה נקודות ח"ג של חכמה שב"א סגו"ל. וכשאנו רוצים להזכירם בשמות הנ"ל בהכרח הוא להזכיר ע"י אותיות והנה האותיות ההם ההכתר דאמא והם אותיות מחוברים מתגין הרבה. והנה דע כי האותיות אשר בצורת תגין אשר בכתר בינה שהם צורת אותיות של שמות הנקודות שבחכמה כנ"ל אינם אלא ז' אותיות אלו שהם שב"א סג"ל וחשבונם גימ' ת"ג וע"כ כתר הבינה נקרא תגין והבן זה. והטעם אל הנ"ל הוא כי כבר נתבאר כי כתר דאמא הוא בת"ת דאבא. ונשארו ח"ג דאבא בבחי' תגין על הכתר דאמא ואינם נכנסין בה רק מאירים מרחוק כדמיון התגין על האותיות לכן לא נזכר בכתר דבינה רק ז' אותיות אלו שהם סגו"ל ושב"א בצורת תגין לרמוז אל הנ"ל שח"ג דאבא שהם סגו"ל שב"א הם בצורת תגין על אותיות דאמא גם כי מספרם עולה ת"ג כנ"ל נמצא כי בחי' אותיות של ח"ג דאבא שהם שב"א סגו"ל הם נעשים תגין על כתר דבינה והבן זה מאד. ולפי שהבינה היא נקבה לכן גברה הגבורה וקדמה נקודתם אל נקודת החסד שהוא זכר לכן הוא כסדר זה שב"א סגו"ל ולא סגו"ל ושב"א. וכן הענין בנקודות של (ז"ת ל"ג) ט"ת דאבא שהם אותיות של טעמים שבכתר דאבא. המשל בזה כי ז' דזרקא הוא כזה 0 וכן הענין בטעמים שבכתר דאבא שהם אותיות בציור עגולים והם אותיות של בחינה אחרת שלמעלה ממנו ודי בזה כמ"ש בשער היחודים.

פרק ד'

דרוש זה מקורו מספר קהילת יעקב וצריך לכתוב מ"ב בראש הדרוש.

בדרוש זה הרב ז"ל ממשיך בסוגיות הקשורות לטנת"א.

בסוגיה זאת הרב ז"ל מחלק את טנת"א בצורה שונה ממה שכתב בפרק א' ובפרק ב'[16]. כדי להבין סוגיה זאת צריך להבין את סוגיית חלוקת מ"ה וב"ן דפרצופי האצילות[17], וצריך לדעת כי זו החלוקה הכללית של טנת"א, והיא נשארת באופן זה תמיד, כאשר הטעמים בכתר, הנקודות בחכמה, תגין בבינה, והאותיות בז"ת. כאן הרב ז"ל שינה את הערכים של טנת"א לפי חלוקת מ"ה וב"ן, ובפרטות מדובר רק בחלוקת בינה דמ"ה לבנין פרצופי או"א וישסו"ת. חלוקה בסוגיה זאת היא **אחרי** תיקון העולמות כמו שמביא הכרם שלמה[18].

---

[16]

ע"ח ש"ה פ"ה מ"ב דכ"א ע"ג – ואז נתחברו מ"ה וב"ן ונעשה משניהן עולם אצילות באופן זה, כי עתיק לוקח חמשה טעמים ראשונות מטעמים דב"ן, ושלוש ראשונות מנקודות דב"ן, וארבעה ראשונות מתגין דב"ן, וכתרים של אותיות דב"ן. וא"א לקח חמשה אחרונות דטעמים דב"ן, ואבא לקח שבעה תחתונות דנקודות דב"ן, ואימא שישה תחתונות דתגין דב"ן, וז"א ששה תחתונות)ששה תחתונות, שהם אותיות דב"ן( )ב"א ז"ת(דאותיות דב"ן. ונוקבא עשירית אותיות דב"ן)ב"א העשירי דאותיות(. ואמנם משם מ"ה לקח עתיק טעמים דמ"ה. וא"א נקודות דמ"ה. **ואו"א לקחו תגין דמ"ה.** וז"א ששה תחתונות אותיות דמ"ה. ונוקבא עשירית אותיות דמ"ה.

[17]

כללות חלוקת מ"ה וב"ן אחר התיקון העולמות מבוארת בפ"ב דש"ה. כאשר עתיק לוקח את כתר דמ"ה, וה"ר דכתר דב"ן וג"ר דחכמה דב"ן, וד"ר דבינה דב"ן, וז' הכתרים דז"ת דב"ן. א"א לוקח את חכמה דמ"ה, וה"ת דכתר דב"ן. אבא לוקח את ה"ר דבינה דמ"ה, וז"ת דחכמה דב"ן. אימא לוקחת ה"ת דבינה במ"ה, ו"ת דבינה דב"ן. ז"א לקח את כל ו"ק דמ"ה, ואת כל ו"ק דב"ן חוץ מהכתרים שלקח אותם עתיק. נוקבא לוקחת את כל מלכות דמ"ה, וט"ת דמלכות דב"ן.

תרשים ד – א.

יש חלוקה יותר פרטית, אשר כוללת את פרצופי ישסו"ת. כאשר עתיק לוקח את כתר דמ"ה, וה"ר דכתר דב"ן וג"ר דחכמה דב"ן, וד"ר דבינה דב"ן, וז' הכתרים דז"ת דב"ן. א"א לוקח את חכמה דמ"ה, וה"ת דכתר דב"ן. אבא לוקח את חכמה ובינה דבינה דמ"ה, ואת ו"ק דחכמה דב"ן. אימא לוקחת בינה דבינה במ"ה, ואת ה"ק דבינה דב"ן. **ישראל סבא לוקח את ו"ק דבינה דמ"ה, ומלכות דחכמה דב"ן. ותבונה לוקחת מלכות דבינה דמ"ה, ומלכות דבינה דב"ן.** ז"א לקח את כל ו"ק דמ"ה, ואת כל ו"ק דב"ן חוץ מהכתרים שלקח אותם עתיק. נוקבא לוקחת את כל מלכות דמ"ה, וט"ת דמלכות דב"ן.

תרשים ד – ב.

הלכה למעשה חלוקת מ"ה וב"ן היא במטבע הברכה, ב"מלך העולם". בשמע ישראל. בתפילת העמידה "אהבה". ועוד.

תרשים ד – ג.

בפרק זה הרב ז"ל מבאר רק את חלוקת בינה דמ"ה, לאו"א וישסו"ת בטנת"א.

תרשים ד – ד.

[18]

כרם שלמה, שער טנת"א פ"ד אות א' - הנה כתר דאבא הם טעמים, וט"ס אחרות הם נקודות, וכתר דאימא הם תגין וט"ס אחרות הם אותיות וכו'. פשט דבריו כי כאן מדבר על בחינה שאחר התיקון של או"א, שלקחו בין שניהם מבחינת מ"ה החדש, בחינת הבינה דמ"ה החדש, כנודע בריש שער עתיק פרק א'. ועכשיו מבאר

הנה[19] [20] כאשר נחלק את פרצוף אבא עילאה, הכולל י' ספירות, בחלוקת מ"ה וב"ן שלאחר תיקון העולמות והחלוקה בצד מ"ה, דפרצופי או"א וישסו"ת דאצילות,) **כתר דאבא** עילאה נעשה מכתר דבינה דמ"ה[21],

---

איך נחלקת בינה דמ"ה בין שניהם, וכך הוא הסדר כמו שכתוב בפרק י' משער כ', שער המוחין. וז"ל שם בקיצור – הנה אבא לוקח משם מ"ה מבינה שבו הכתר והחכמה מ"ה ספירות דבינה זו, ואימא לוקחת בינה דבינה דמ"ה וכו', ויש"ס לקח ו"ק דבינה דמ"ה, ולכן נקרא יש"ס ז"א שבו, ותבונה לוקחת מלכות דבינה דמ"ה, לכן נקראת התבונה נפש תבונה, כנזכר בתיקונים וכו'. ומן הנ"ל תבין מה מה שכתוב במקום אחר כי כתר דאבא הם טעמים, וט' ספירות הנקודות, כי כתר שבו הוא כתר דבינה דמ"ה כנ"ל, וכל כתר שבכל ספירה וספירה הוא טעמים, וזכור זה היטב. וט' ספירות תחתונים דאבאהם חכמה של אותו ספירה, הם נקודות דמה, לבד מאותן השינויים שמצאנו.

וביאור דבריו ז"ל, כי נודע שטנת"א המתחלקים בכל י' ספירות וי' ספירות הם כך, שהטעמים הם בכתר, והנקודות הם בחכמה, והתגין בבינה, והאותיות הם בז"ת. ולכן כאן גם כן בי' ספירות דבינה דמ"ה החדש שלקחו אותם או"א הוא כך, שהטעמים בכתר, והנקודות בחכמה, והתגין בבינה, והאותיות בז"ת. לכן אבא דאצילות שלקח מבינה דמ"ה, הכתר והחכמה שלה, וכל פרצופו נבנה מאלו הב' ספירות דוקא, שהם כתר וחכמה דמ"ה. והכתר של זו הבינה דמ"ה תיקן הכתר של אבא, ולזה כתר שלו נקרא טעמים על שמו, והחכמה של זאת הבינה דמ"ה שתיקנה שאר הספירות שלו, ולזה כל ט' ספירות התחתונות שלו נקראים נקודות. והבינה דבינה דמ"ה שתיקנה לאימא עילאה, ולא לישסו"ת התחתונים, ולזה הכתר של אימא דוקא נקרא תגין, כי סתם אימא הם הישסו"ת. והישסו"ת כולם נבנו מז"ק דבינה, וכל ז"ק נקראים אותיות. והרב ז"ל כאן מה שקרא להישסו"ת כולם בשם ט' ספירות דאימא, כי אף על פי שכל הי' ספירות דאימא נקראים ישסו"ת, הטעם כי כל כתר של תחתון הוא מבחינה העליונה ממנו, וכאן גם כן הכתר דישסו"ת שהם בכללם נקראים אימא סתם, הם מאימא עילאה, שהיא נבנית מבינה דבינה דמ"ה, שהיא בחינת תגין, ולזה הכתר דישסו"ת דוקא נקראו בשם תגין, ואינו נכנס בכלל הט' ספירות דישסו"ת, הנקראים בשם אותיות, יען שנבנו מז"ק דבינה דמ"ה, שהם בחינת אותיות.

ומה שאנו כותבים הכא שאלו הט' ספירות דאימא, שפרושו הוא על הישסו"ת, הרב ז"ל עצמו ביאר זאת בפרקין בסמוך, שכתב וז"ל - ועל כן כתר דבינה נקרא תגין והבן זה, והטעם אל הנ"ל הוא כי כבר נתבאר כי כתר דאימא הוא בתפארת דאבא, ונשארו חסד וגבורה דאבא בבחינת תגין על כתר דאימא, ואינן נכנסים בה וכו'. נמצא שזאת האימא היא יושבת בין חסד וגבורה דאבא, שהם בחינת דרועין, וכתב לקמן בסוף פרק ח' דשער אנ"ך, וז"ל - הרי נמצא כי כפי האמת אבא הוא כללות או"א עילאין, יו"ד שבשם, ואימא היא כללות ישסו"ת ה' הראשונה שבשם, וכו'. ונודע בדרוש אחר כי אימא נפקא מבין דרועין דאבא, והוא סוד ישסו"ת, הנקרא אימא נפקא מתחות ב' דרועין דאו"א עילאה, הנקראים שניהם אבא לבד, עד כאן לשונו. הרי מבואר מדבריו ז"ל מה שכתב כאן בפרקין כי כתר דאימא הוא בתפארת דאבא, ונשארו חסד וגבורה דאבא וכו', הוא על בחינת ישסו"ת הנקרא אימא, ואבא הוא בחינת או"א עילאין.

ולא ידעתי בזה איך הרב צמח ז"ל סתם אלו הדברים בהגהותיו כאן, וכתב דברים שאפילו שהשלומד יטעה בהם בלומדו דבריו, ובפרט להמתחילים שכתב כשאימא רובצת וכו', ובשאר הזמנים או"א כחדא נפקין וכו'. ואף על פי שכתבנו לעייל שהכתר דאימא מה שנקרא תגין, הוא הוא בחינת הכתר דישסו"ת, ולהיות שנעשה מבחינה העליונה ממנו נקרא תגין, והיא בחינת אימא עילאה שנקראת תגין, והרי הרב ז"ל כתב כאן שנעשה מכתר דאבא, ופרשו הוא מתפארת דאו"א עילאה. אלא הרב ז"ל כאן סתם דבריו, וכוונתו על בחינה העליונה מישסו"ת שהיא בחינת אימא עילאה, כי זה הכלל כלל אותו הרב ז"ל בכל מקום, כי הכתר נעשה מהבחינה העליונה ממנו, ופשוט הוא בכל מקום.

19

בית לחם יהודה ש"ה פ"ד - הנה כתר דאבא הם טעמים וכו'. קשה, והא הי' ספירות דכל פרצוף הם בחינת טנת"א, כי הכתר הוא טעמים, וחכמה נקודות, והבינה תגין, והז"ת אותיות, כמבואר במ"ב דפרק א' דלעיל. ולכאורה היה נראה לפרש דהכא דהאו"א שניהם פרצוף אחד לבד, וכן פירוש ח"ר אליהו מני ז"ל בכתב יד שלו. אמנם לא משמע כן מפרק יו"ד דשער כ', שכתב שם דאו"א וישסו"ת לקחו בזמן התיקון בינה דמ"ה, וחלקוה ביניהם, דאבא לקח כתר וחכמת דבינה דמ"ה, ואימא לקחה בינה דמ"ה, ויש"ס לקח ו"ק דבינה

וְהֵם הַטְּעָמִים[22] כי הטעמים בכתר[23], **וט' סְפִירוֹת אַזוֹרוֹת** מצד מ"ה אבא עילאה, שהם ח"ב, חג"ת נהי"ם דאבא, נעשו מחכמה דבינה דמ"ה, **וְהֵם** נקראים **נְקֻדוֹת**[24]. וכל צד מ"ה דפרצוף אימא עילאה, הכולל י' ספירות שהם **כֶּתֶר** וחכמה בינה, חג"ת נהי"ם דצד מ"ה **דְאִמָּא** עילאה **הֵם** נעשו מבינה דבינה דמ"ה, ובינה דבינה דמ"ה הם התגין)כי בכל מקום הבינה היא בחינת תגין(, ולכן כל צד המ"ה דאימא עילאה נקרא **תָּגִּין**[25]. **וט'**

דמ"ה, ותבונה לקחה מלכות דבינה דמ"ה. וסיים עלה - ומן הנ"ל תבין מה שכתוב במקום אחר)הכוונה על פרקין דהכא(כי כתר דאבא הוא טעמים וט' ספירות הם נקודות, כי כתר שבו הוא כתר דבינה דמ"ה כנ"ל, וכל כתר שבכל פרצוף הוא טעמים. וט' ספירות תחתונות דאבא הם חכמה של אותו פרצוף)דבינה דמ"ה(, והם נקודות דמ"ה, יעו"ש. וכלומר שכל אותם החילוקים שכתבנו בפרק ד' דשער טנת"א אינם בעיקר או"א וישסו"ת, אלא הכל בבחינת הבינה דמ"ה, שהחלוקה ביניהם. ולפי דברי רז"ל דשער כ' הנזכר, צריכים אנו לומר דמה שביאר הכא, כתר דאבא הם טעמים, וט' ספירות אחרות הם נקודות. אבא הנזכר הוא אבא עלאה, שהרי הוא שלקח כתר וחכמה דמ"ה. גם מאי דקאמר הכא, וכתר דאימא הם תגין. מוכרח לפרש דכתר הנזכר הוא על כללות כל אימא עלאה, דהא כל י' ספירות דאימא עלאה לקחה בינה דבינה דמ"ה בלבד, שהם תגין. גם מה שכתב הכא וט' ספירות אחרות הם האותיות. הכוונה על ישסו"ת, שבין שניהם לקחו ז"ת דבינה דמ"ה, שהם אותיות.
20

הגהות וביאורים)ח(– עיין שער כ' פרק י'.
21

ע"ח ש"כ פי"א דק"א מ"ב ע"ד - ומן הנ"ל תבין מה שכתוב במקום אחר כי כתר דאבא הם טעמים, וט"ס הם נקודות, כי כתר שבו הוא כתר דבינה דמ"ה כנ"ל, וכל כתר שבכל ספירה וספירה הוא טעמים, וזכור זה היטב. וט"ס תחתונות של אותו ספירה הם נקודות דמ"ה.
22

הגהות וביאורים)ט(– אף על פי שכתר אמיתי הוא אריך, והוא טעמים, עם כל זה בשביל שלשניהם יש אחיזה באות שהוא י', כי הכתר קוצו של יו"ד, וחכמה י' עצמה, לכן כתר דאבא נקרא גם כן טעמים.
23

כללות הבינה היא תגין, אבל בפרטותה היא מתחלקת לטנת"א דתגין, כאשר הכתר דבינה הוא הטעמים, החכמה דבינה נקודות, הבינה דבינה תגין, וז"ת דבינה הם אותיות. צד המ"ה דכתר דפרצוף אבא נבנה מהכתר דבינה דמ"ה, ולכן כתר דאבא נקרא טעמים.
תרשים ד – ה.
ע"ח ש"כ פי"א מ"ב דק"א ע"ג - הנה אבא לוקח משם מ"ה מבינה שבו **הכתר** והחכמה שבי' ספירות דבינה זו.
24

כללות הבינה היא תגין, אבל בפרטותה היא מתחלקת לטנת"א דתגין, כאשר הכתר דבינה הוא הטעמים, החכמה דבינה נקודות, הבינה דבינה תגין, וז"ת דבינה הם אותיות. צד המ"ה של ט' ספירות דפרצוף אבא נבנה מחכמה דבינה דמ"ה, ולכן חו"ב, חג"ת נה"י דאבא נקראים נקודות, כי הם נעשו מנקודות דבינה דמ"ה.
תרשים ד – ו.
ע"ח ש"כ פי"א מ"ב דק"א ע"ג - הנה אבא לוקח משם מ"ה מבינה שבו הכתר **והחכמה** שבי' ספירות דבינה זו.
25

כללות הבינה היא תגין, אבל בפרטותה היא מתחלקת לטנת"א דתגין, כאשר הכתר דבינה הוא הטעמים, החכמה דבינה נקודות, הבינה דבינה תגין, וז"ת דבינה הם אותיות. צד המ"ה של כללות אימא נבנה מכללות בינה דבינה דמ"ה. לכן כל פרצוף אימא עילאה נקרא תגין.
תרשים ד – ז.
ע"ח ש"כ פי"א מ"ב דק"א ע"ג - ואמא לוקחת **בינה** דבינה דמ"ה.

סְפִירוֹת אֲזוֹרוֹת[26] שהם כביכול דאימא[27], שהם ח"ב חג"ת נהי"ם, נקראים אימא סתם, והיא ישסו"ת, וישסו"ת הם זו"ן בערך או"א עילאין **וְהֵם אוֹתִיּוֹת** שהם ז"ת דבינה דמ"ה, ר"ל כי ישסו"ת לקחו את ז"ת דבינה דמ"ה לבנין הפרצופים שלהם, כאשר ישראל סבא לוקח את ו"ק דבינה דמ"ה[28], והתבונה לוקחת את מלכות דבינה[29]

26

וט' ספירות אחרות, משמע שהם לא ט"ס דאימא עילאה, אלא ישסו"ת, כי ישסו"ת לקחו ז"ת דבינה דמ"ה, כאשר יש"ס לקח ו"ק דבינה דמ"ה, והתבונה לקחה מלכות דבינה דמ"ה.

ע"ח ש"ך פ"י דק"א ע"ג - ויש"ס לקח ו"ק דבינה דמ"ה, ולכן נקרא יש"ס, הוא ז"א שבו. ותבונה לוקחת מלכות דבינה דמ"ה, לכן נקרא התבונה מלכות נפש.

27

לשון הרב ז"ל לא מובן, בפרק זה הרב ז"ל כותב שהאותיות הם תשע ספירות דאימא, ואימא סתם היא ישסו"ת, ובפרק י' דשער כ' מובן שהאותיות הם בחינת ז"ת, והם ישסו"ת. איך מתלבשים ז' ספירות הט' ספירות. את הסוגיה הזאת אפשר לפרש לפי **דרוש הדעת**. לפי דרוש הדעת המוחין הם שורש לגוף, גם למוחין עצמם יש שורש, והם נקראים שורשי המוחין. והמוחין עצמם שהם חב"ד הם חג"ת. ו"ק הם נה"י. אם כוללים את חב"ד, שהם שורשי המוחין בכתר, נשארו ט' ספירות, וט' ספירות אלו מתחילות מחסד ולמטה. יוצא לפי דרוש הדעת כי ט' התחתונות שהם חכמה, בינה, חג"ת, ונהי"ם מתחילים מהחסד של אותו פרצוף, ולא מהחכמה שבו. יוצא שערך אבא ואימא משתנה, לפעמים אבא ואימא הם חכמה ובינה, ולפעמים או"א הם חסד וגבורה. והם ערך חב"ד הוא חג"ת, אז ערך ו"ק הם נה"י.
תרשים ד - ח.
איפה שלמה על אוצרות חיים, ד"ז ע"ב סימן ו' - כי נקודות חכמה ואתוון בינה וכו'. עיין לעיל בפרק א' שכתב שהתגין הם בינה, והאותיות ז"ת וכו', ואפשר לפרש לפי מה שכתב רז"ל בשער טנת"א ריש פרק ד', ובשער כ' סוף פרק י', וז"ל – כי כתר דאבא הוא טעמים, וט' ספירות אחרונות הם נקודות, וכתר דאימא הם תגין, וט' ספירות אחרות הם אותיות, יעו"ש, ובזה יתיישב הכל. ומה שכתב בשער טנת"א כי התגין ג"ר דבינה, ואותיות ז"ת דבינה וכו', יעו"ש. יובן על דרך מה שכתב הרב ז"ל בדרוש הדעת שחו"ב חג"ת נקראים חב"ד. והתרין עטרין ודעת נקראים חג"ת, וכו'. אם כן מה שכתב כי כתר דאימא הם תגין, הוא בערך שקורא כללות החו"ב וחו"ג דכתר. כתר ותרין עטרין ודעת חב"ד. ומה שכתב הג"ר דאימא תגין וכו', הוא בערך מה שקורא חו"ג דכתר חב"ד, והתרין עטרין ודעת חג"ת.
ע"ח ש"ה פ"ה דכ"ג ע"א - אך העניין, דע כי הטעמים הם מן הכתר, ונקודות מן החכמה, ותגין מג"ר דבינה, **ואותיות מז"ת שבה.** וגם בזו"ן נמצא כי אותיות, אחר שהם בזו"ן הנקרא גוף, יען שהם כללות ז"ת דאצילות בכללות, נמצא כי אותיות נקרא גופא לעולם, שהם הכלים, והתגין הם ג"ר דאמא, והם הנפש דאותיות, וכמו שהנפש אינה נפרדת לעולם מן הגוף, כן התגין אינם נפרדין מאותיות בספר תורה לעולם.
נהר שלום, דרוש הדעת דמ"א ע"ג - ונתחיל מן הראשון, הנה ספירת הכתר היא נשמת האצילות, ונחלק לג' מוחין חב"ד, שהם נר"ן, ג' חלקי הנשמה. כיצד עתיק ונוקבא חו"ב, והם נשמה ורוח, ואריך ונוקבא הם זו"ן שבכתר, ונקרא דעת, ונפש, ושלשתם ג' חלקי הנשמה. אחר כך ספירות חו"ב, הם רוח דאצילות, ונחלקים לג' מוחין חב"ד, שהם נר"ן, ג' חלקי הרוח. כיצד אבא ואימא, חו"ב, והם נשמה ורוח, והדעת שהוא זו"ן שבהם ישסו"ת, נקרא נפש, ושלשתם ג' חלקי הרוח. ואחר כך ספירת הדעת, היא נפש דאצילות, ונחלק לשלשה מוחין חב"ד, שהם נר"ן, ג' חלקי הנפש. כיצד זו"ן חו"ב, והם נשמה ורוח, והדעת של הדעת שהוא זו"ן שבהם, הם יעקב ולאה, ונקראים נפש, ושלשתם הם ג' חלקי הנפש.
28

ו"ק דבינה דמ"ה, הוא בחינת אותיות דבינה דמ"ה, בונה את צד מ"ה דפרצוף יש"ס.
תרשים ד - ט.
ע"ח ש"ך פ"י מ"ב דק"א ע"ג - ויש"ס לקח ו"ק **דבינה** דמ"ה, ולכן נקרא יש"ס, הוא ז"א שבו.
29

מלכות דבינה דמ"ה, גם היא בחינת אותיות דבינה דמ"ה, בונה את צד מ"ה דפרצוף התבונה.
תרשים ד – י.

וּפֵירוּשׁ[30] עִנְיָן זֶה הוּא נמצא בעיקר בע"ח ש"ח פ"י, בשער המוחין הרב מתעסק בעיקר בבנין פרצופי האצילות ממ"ה וב"ן[31] . דַּע כִּי כָּל ד' בְּחִינוֹת אֵלוּ שֶׁל טַנַּת"א, הֵם כּוּלָם צוּרַת

ע"ח ש"כ פ"י דק"א מ"ב ע"ג - ותבונה לוקחת **מלכות דבינה** דמ"ה לכן נקרא התבונה מלכות נפש תבונה.
30

כרם שלמה ש"ה פ"ד אות ב' - ופרוש ענין זה הוא, דע כי כל ד' בחינות אלו של טנת"א, הם כולם צורת אותיות וכו'. פרוש דבריו הוא מבואר לקמן בסמוך בפרקין, כי האותיות שבכתר דאבא הם בצורת טעמים, שהם עגולים, ואות מחוברת מעגולים רבים בצורת טעמים, והם שמות של בחינת האותיות של הפרצוף שהוא למעלה מכתר דאבא, וכן ט"ס דאבא הם אותיות של שמות הטעמים שבכתר דאבא, אבל הם צורת אותיות מחוברים מנקודות רבים, וכן כתר דאימא הם צורת אותיות מחוברים מתגין הרבה, והם שמות ט"ס תחתונות דאבא, וכן הט"ס דאימא הם האותיות בצורת אותיות ממש, אבל הם של שמות של תגין שבכתר דאימא. והטעם כי כל בחינה תחתונה היא מגלית את הבחינה העליונה ממנה, ומפרשת אורותיה, והוא על דרך התורה שבעל פה שהיא מפרשת את התורה שבכתב, כי תורה שבכתב בז"א, ושבעל פה במלכות, ולכן התורה שבעל פה שהיא במלכות, מפרשת התורה שבכתב, שהיא בז"א העליון ממנה, כי בחינה התחתונה מגלית את העליונה.
31

סוגיה זאת נדונה בקצרה בפרק א' מ"ב של שער זה. מקום הסוגיה הוא בשער המוחין פרק י', ושם תמצא את חלוקת מ"ה וב"ן האמיתית לכל פרצופי האצילות.

ע"ח ש"ח פ"י דק"א פ"י ע"א - וכדי שתבין כל זה, נבאר ענין או"א היטב, הנה **אבא לוקח משם מ"ה מבינה שבו הכתר והחכמה שבי' ספירות דבינה זו, ואמא לוקחת בינה דבינה דמ"ה.** ואפשר שגם הכתר נחלק לחצאין, חציו לו, וחציו לה, אלא שכפי הנראה מדרוש שלוח הקן בש"ע נהורין, כי כתר שלה טמיר וגניז באבא, א"כ נראה שכל הכתר לקחו אבא, ולכך נקרא טמיר וגניז יתיר מינה. **ויש"ס לקח ו"ק דבינה דמ"ה, ולכן נקרא יש"ס הוא ז"א שבו, ותבונה לוקחת מלכות דבינה דמ"ה, לכן נקרא התבונה מלכות, נפש תבונה,** כנזכר בתיקונים דמ"ג. וכשם שאו"א לא מתפרשין, וישראל ורחל מתפרשין לזימנין, כן או"א נרמזין בחיבור גדול בי' ראשונה שבהוי"ה כנודע, לפי שהם חו"ב דבינה דמ"ה. אך ו"ק דבינה דמ"ה, עם מלכות דבינה דמ"ה, שהם יש"ס ותבונה, הם דומין לזו"ן, ואינן כל כך מחוברים חיבור גדול כמו או"א. ואמנם מב"ן לקח אבא ו"ק דחכמה דב"ן, כי הרי ג"ר לקחם עתיק לצורך הנקבה שלו, ומלכות דחכמה דב"ן לקח יש"ס, ולכן נרמז גם הוא בסוד נקבה בה ראשונה דהוי"ה כנודע. ואמנם מבינה דב"ן הד"ר, שהם כח"ב חסד לקחם עתיק, ואז ה' קצוות דבינה דב"ן שהם גבורה תפארת נה"י לקחתן אמא, ומלכות דבינה דב"ן לקחה תבונה. נמצא כי אבא יש לו מ"ה וב"ן, ואמא יש לה מ"ה וב"ן, ויש"ס מ"ה וב"ן, ותבונה מ"ה וב"ן. אך א"א ועתיק אינם כן, רק רק הזכרים לקחו מ"ה לבדו, והנקבות ב"ן לבדם, לכן הם מחוברים בפרצוף אחד. אך באו"א שהם זכר ונקבה נפרדין, מוכרח שכל אחד יהיה בו מ"ה וב"ן, כדי שלא יתפרדו לגמרי, וזה סוד – הבן בחכמה, וחכם בבינה. וכן על דרך זה בזו"ן, כי ז"א יש לו ו"ק דב"ן, וו"ק דמ"ה, ונוקבא יש בה מלכות דמ"ה, ומלכות דב"ן, נמצא כי בז"א יש בו חו"ג, שהם מ"ה וב"ן, וכן בנוקבא. ואמנם ז"א שלוקחה מוחין שלו כפולים מצד אבא ומצד אמא, היו אז החסדים דמ"ה וחסדים דב"ן באבא, וגבורות דמ"ה וגבורות דב"ן באמא. ואחר כך בהכנסם בז"א, נתחלפו ואז החסדים דב"ן, נשתתפו עם הגבורות דב"ן, בנ"י דאמא. וגבורות דמ"ה עם חסדים דמ"ה נשתתפו בנ"י דאבא. נמצא מוחין דאמא כולם דב"ן, ודאבא כולם דמ"ה. **ומן הנ"ל תבין מה שכתוב במקום אחר, כי כתר דאבא הם טעמים, וט"ס הם נקודות, כי כתר שבו הוא כתר דבינה דמ"ה כנ"ל, וכל כתר שבכל ספירה וספירה הוא טעמים, וזכור זה היטב. וט"ס תחתונות של אותו ספירה הם נקודות דמ"ה לבד.** מאותן השינויים שמצאנו כי לפעמים נאמר כי בינה היא אהי"ה, ולפעמים נאמר שהוא ס"ג, ועם הנ"ל אפשר לישבו, כי זה הוא בב"ן, וזה הוא במ"ה שבה, או זה באמא, וזה בתבונה, או זה בג"ר, וזה (נ"א בז"ת) בג"ת, ודוק ותשכח. כי יותר נראה שאהי"ה הוא בחלק מ"ה, אך ס"ג הוא בחלק ב"ן, כי הרי ב"ן שרשו מס"ג, שהם הנקודות כנודע, שהם המלכים שמתו. גם תבין איך כל אבא הוא חכמה, או חכמה דב"ן, או חכמה דבינה דמ"ה, אך לעולם אמא היא בינה, או בינה דבינה דמ"ה, או בינה דב"ן. ולכן יכול להתקשר מ"ה עם ב"ן, בין באבא בין באמא, או כולם הם בינות באמא, שכולם הם חכמה וזה באבא, אלא שהחכמה דב"ן נעשה צד נוקבא לחכמה דבינה דמ"ה, או כולם הם בינות באמא, אלא שבינה דבינה דמ"ה נעשית צד זכר לבינה דב"ן.

אותיות גַם כֵּן, אלא שֶׁאותיות הרומזות לכתר דאבא הם צורות סמני הטְעָמִים[32] כגון זרקא, תלשא, זקף, וכו', **וט' סְפירות אֲזורות** דאבא **הם** רמז לאותיות **בְּצורות סמני הנְּקֻדות**[33] כגון קמץ, פתח, צרי, וכו' , **וגם לְאותיות כֶּתֶר** וח"ב, חג"ת נהי"ם **דְאִמָּא** עילאה, הם מורכבים מחיבור של הרבה תגין, ועל ידי חיבור תגין אלו נוצרת צורת האות אחת, באופן שהאותיות דכתר דאימא **הם בְּצורות תגִּין**[34]**, וט' ספירות אזורות** שהם ישסו"ת **הם צורות אותיות ממש**[35]**,** כמו שלַנו הידוּעים באלפא ביתא. ואמנם וודאי שֶׁאי בחינות האותיות שבצורות של טעמים, נקודות, תגין ואותיות **כולם הם בבְּזינת אותיות ממש** גם באו"א עלאין, וגם בישסו"ת.

כיצד, כתר דאבא **הרי** הוא בחינת **טְעָמים,** והאותיות שבכתר דאבא הם בחינת דאבא הם **הם האותיות בצורת טעמים, שֶׁהם עֲגולים** כמו תלשא, ולאו דוקא עגולים, אלא האותיות שבכתר דאבא הם בצורת כל טעם וטעם מכ"ד צורות הטעמים, **והאות**יות שבכתר דאבא הם **מזוברת ומורכבת מעֲגולים** או מכל צורת טעמים אחרים **רבּים כזֶה** ‹צִיור›[36]**. ועל דרך זה הם הנְּקֻדות שֶׁבט' ספירות** ח"ב חג"ת נהי"ם **הַתּזְותּוֹנִים דאבא, שהם אותיות הַמורכבים ומזוברים**

<hr>

[32]

צורת האותיות שבכתר דאבא ממולאים בטעמים, ר"ל כל אחת ואחת מהאותיות יש את כל סוגי ציור הטעמים. יוצא לפי זה כי יש לכל אחת מכ"ב האותיות כ"ד סוגי טעמים, וביחד יש תקכ"ח אותיות. ויכול להיות שיש שלוב של מספר טעמים שונים בכל אות ואות, רק שהרב ז"ל לא מגלה זאת.

[33]

צורת האותיות שבתשע ספירות התחתונות דאבא ממולאים בנקודות, ר"ל כל אחת ואחת מהאותיות יש את כל סוגי הניקוד. יוצא שיש לכל אחת מכ"ב האותיות ט' סוגי ניקוד, כאשר ביחד הם קצ"ח אותיות. ויכול להיות שיש שלוב של מספר נקודות שונים בכל אות ואות, רק שהרב ז"ל לא מגלה זאת.
שערי גן עדן, אורח צדיקים, דרך ו' די"א ע"ב - והנה, זה קבלה בידינו שמכל מאה נקודות נעשה אות אלף, ולפי שכל נקודה הוא סוד י' שהוא עשר, הרי מאה נקודות הם אלף. ולזה ראש כל האותיות נקרא אלף.

[34]

צורת האותיות שבכתר דאימא, והוא כל פרצוף אימא עילאה, ממולאים בתגין, ר"ל כל אחת ואחת מהאותיות יש את כל סוגי התגין. יוצא שיש לכל אחת מכ"ב האותיות ב' סוגי תגין, כאשר ביחד הם מ"ד אותיות. ויכול להיות שיש שלוב של מספר תגין שונים בכל אות ואות, רק שהרב ז"ל לא מגלה זאת.

[35]

צורת האותיות שבפרצופי ישסו"ת ממולאים באותיות, ר"ל כל אחת ואחת מהאותיות יש את כל סוגי האותיות. יוצא שיש לכל אחת מכ"ב האותיות כ"ב סוגי אותיות, כאשר ביחד הם תפ"ד אותיות. ויכול להיות שיש שלוב של מספר אותיות שונים בכל אות ואות, רק שהרב ז"ל לא מגלה זאת.

[36]

האותיות דכתר דאבא עילאה הם אותיות בצורת כ"ב אותיות התורה, רק הם בנוים ממספר של צורת הטעמים המצטרפים ביחד, ובונים את צורת האותיות שלהם.
תרשים ד – י"א.

מַנְקוּדוֹת כגון קמץ, פתח, צרי, סגול, וכו' **כֹּזֹה ‹צִיּור›**[37]**. וְעַל דֶרֶךְ זֶה הֵם הַתָּגִין שֶׁבַּכֶּתֶר** וח"ב חג"ת נהי"ם דְ**אִימָא** עילאה, **שֶׁהֵם אוֹתִיּוֹת מוּרְכָּבִים וּמְחֻבָּרִים מֵתָּגִין רַבִּים, כֹזֹה ‹צִיּור›**[38]. הרב מביא ראיה מספר הזהר הקדוש, שהאותיות הם מורכבות מחלקי טעמים, נקודות, תגין, ואותיות, **וּכְבָר כָּתוּב עִנְיָן זֶה בַּתִּיקוּנִים** תיקון ע' דְ**קְכ"ו** צ"ל דקכ"ז **עֵ"ב וֹז"ל**[39] **אִלֵּין נְקוּדִין דְאָתוּון** אלו הנקודות שבאותיות, והכוונה להוי"ה המלאה בעגולים[40] המורכבת מכ"ד עגולים, וע"ב תגין. עגולים אלו הם בצורת עינים, והתגין שעליהם בצורת גבות[41], **מְלֵאִים עֵינַיִם, וְגַבּוֹתָם**

האותיות שבט' הספירות התחתונות דאבא עילאה הם אותיות בצורת כ"ב אותיות התורה, רק הם בנוים ממספר של צורת הנקודות המצטרפים ביחד, ובונים את צורת האותיות שלהם.
תרשים א - י"ב.

האותיות שבפרצוף אימא עילאה הם אותיות בצורת כ"ב אותיות התורה, רק הם בנוים ממספר של צורת תגין המצטרפים ביחד, ובונים את צורת האותיות שלהם.
תרשים א - י"ג

תיקוני הזהר, תיקון ע' דקכ"ז ע"ב עם תרגום והסבר - **וְגַבּוֹתָם** שהם גוף האותיות, **מְלֵאוֹת עֵינַיִם אִלֵּין נְקוּדִין** אלו הנקודות, כי הנקודות הם בחכמה, והחכמה היא בחינת עינים, **דְאָתוּון מְלֵאוֹת עֵינַיִם מְנַיְיהוּ** והאותיות מלאות עינים מהם, ר"ל שהאותיות מלאות נקודות, **כְּמָה דְאַת אָמַר** כמו שנאמר - **עֵינֵי הוי"ה הֵמָה מְשׁוֹטְטִים בְּכָל הָאָרֶץ,** ר"ל העינים שהם בחינת הנקודות, והם בחינת החכמה הם משוטטים, ומניעים את האותיות. והאותיות הם בחינת הארץ, בחינת המלכות.

הזהר רומז כאן על הוי"ה המצוירת בצורת כ"ד עגולים, כאשר אות י' ואות ו' דהוי"ה בעלות שלשה עגולים, ואותיות ה' הראשונה וה' האחרונה דהוי"ה בעלות ט' עגולים כל אחת, וביחד הם כ"ד עגולים, והם נקראים עינים. גם צריך לדעת שלכל עגול יש ג' תגין, וביחד הם ע"ב תגין, והם נקראים גבות.

הרב ז"ל מרחיב סוגיא זאת בע"ח, ובשער בכוונות. ומרן הרש"ש מביא בסדורו הטהור בכוונות שמע ישראל, הלכה למעשה לכוון בהוי"ה דעינין.
תרשים ד - י"ד.
ע"ח ש"ח ש"י פ"א מ"ת דל"ד ע"ב - ואח"כ מן העין יצאו הנקודות דס"ג, ולכן אין כל כך הבל בעין כמו בג' מקומות הנ"ל, כי אין דומה אור הנקודות הקטן, כמו הטעמים. אבל עם כל זה מצינו קצת כח בהסתכלות העין, כנראה בחוש העין בטבע עין כענין ביצת בת היענה, שנולד האפרוח על ידי הסתכלותה זמן מה, בלתי שתשב על הביצים לחמם כמו שאר העופות, וזה יורה כח ממשיים בהסתכלות העינים. והנה מבחינת הסתכלות הזה של העינים יצאו הנקודות. ובזה תבין מה שכתוב בתיקונים, תיקון ע' דקכ"ו, שמצייר צורת הוי"ה של בן ד' אותיות בציור עינים בנקודים, בסוד וגבותם מלאות עינים.

מְלֹאוּת עֵינַיִם, מַנְיָיהוּ כְּגַוְונָא דָא כוּ', עַיֵּין שָׁם צִיּוּרָם כי ציור של הוי"ה זאת נמצא בתיקוני הזהר, וגם בע"ח ש"ח פ"א דל"ד ע"ב[42], **וְהָבֵן זֶה הֵיטֵב.** הרב מרחיב את הסוגיה, **וּבֵיאוּר עִנְיָן זֶה כָּךְ הִיא, כִּי הִנֵּה כָּל מַדְרֵגָה הַמִּתְּזַחֲזוֹנָה** שבכל שעור קומה של עולם, פרצוף, או ספירה **הִיא מְגַלָּה אֶת** צ"ל מגלה שעור קומה של עולם, פרצוף, או ספירה של המדרגה **הָעֶלְיוֹנָה** שמעליה[43], **כִּי הִנֵּה הַבִּינָה** שהיא כללות אימא עילאה **יֵשׁ תָּגִין בַּכֶּתֶר** ח"ב חג"ת נהי"ם **שֶׁלָּהּ** ר"ל באימא עילאה[44], **וְהָאוֹתִיּוֹת שֶׁיֵּשׁ בְּתִשְׁעָה סְפִירוֹת שֶׁלָּהּ** שהם בעצם ישסו"ת, **הֵם אוֹתִיּוֹת שֶׁל הַשֵּׁמוֹת**[45] **שֶׁל צוּרַת תָּגִין הָעֶלְיוֹנִים** אשר לא זכינו לשמות שלהם, כי הרב לא גילה לנו את השמות

שער הכוונות, דרושי חג הסוכות, הקדמה - ונחזור לעניינו, כי הנה זמן קליטת הזרע הם ג' ימים, כי לכן הפולטת ש"ז ביום הג' היא טהור, יען כי כבר הסריחה, ואינו ראוי להריון, וסוד ג' ימים אלו הם סוד חג"ת, שמהם מקבלת הנוקבא הטיפה העליונה, וסוד ג' מראות של הקשת, ולכן צריכה ג' ימים לקולטם. והעניין הוא כי טיפת מ"ד היא סוד החסדים, והנה חסד הוא בגי' ע"ב, והוא מתחלק לג' חלקים, כ"ד, כ"ד, כ"ד, שהם ע"ב, כנזכר בספר הזהר בתיקון ט', וציורו כזה הוי"ה שהם ג' הוי"ת, ובכל אחד כ"ד עיינין, בסוד מה שאמר הכתוב - וגבותם מלאות עינים.
42

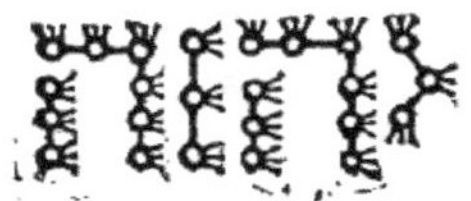

43

כל פרצוף עליון הוא נעלם וחשוך בערך התחתון אליו, בסוד יוצר אור ובורא חושך, כלומר האור הוא בעולם היצירה, בערך הבריאה הנקראת חושך, מפני שהבריאה היא נעלמת בערך היצירה, ואפילו שהבריאה יותר זכה ורוחנית מהיצירה. ודוגמה לזה התורה הקדושה שבכתב שהיא נעלמת, ונקראת ז"א, מתגלה במלוא הדרה דוקא בתורה שבעל פה, שהיא בחינת המלכות. ומלכות היא מדרגה תחתונה מז"א. כך גם בהתלבשות הפרצופים, הפרצוף התחתון מלביש את ז' הספירות התחתונות של הפרצוף שמעליו, והנהגת הפרצוף העליון מתגלת בפרצוף התחתון.
תרשים ד – ט"ו.
44

כבר הרב ז"ל ביאר שאימא עילאה היא נבנית מבינה דבינה דמ"ה, ובכל מקום בחינת הבינה היא תגין, יוצא שכל בחינת צד המ"ה דאימא עילאה היא תגין, עם כל זאת, גם בחינת אימא עילאה שהיא תגין מתחלקת לטנת"א, הנקראים טנת"א דתגין, כאשר כתר דאימא הוא טעמים דתגין, חכמה דאימא הם נקודות דתגין, בינה דאימא היא תגין דתגין, וז"ת דאימא עילאה הם אותיות דתגין.
תרשים ד – ט"ז.
45

כמו שלטעמים יש שמות, ולנקודות יש שמות, גם לתגין יש שמות. הרב ז"ל לא מגלה בשום מקום את השמות של התגין, יכול להיות שהרב ז"ל לא קיבל את שמות התגין, אבל פשוט הוא שבעולמות העליונים המאציל קבע להם שמות לצורך העולם הזה. רבותינו הפוסקים קוראים לתגין בשם **מקל, תג, או קוץ**, בתלמוד הם נקראים **כתרים**, אבל שמות אלו הם רק שמות תואר לתגין, ולא עצמות השמות שלהם.
גמרא מנחות דכ"ט ע"ב - אמר רב יהודה אמר רב, בשעה שעלה משה למרום מצאו להקב"ה שיושב וקושר **כתרים לאותיות**, אמר לפניו רבש"ע מי מעכב על ידך, אמר לו אדם אחד יש שעתיד להיות בסוף כמה דורות, ועקיבא בן יוסף שמו, שעתיד לדרוש על כל **קוץ וקוץ** תילין תילין של הלכות, אמר לפניו רבש"ע הראהו לי, אמר לו חזור לאחורך, הלך וישב בסוף שמונה שורות ולא היה יודע מה הן אומרים, תשש כחו. כיון שהגיע לדבר אחד, אמרו לו תלמידיו, רבי מנין לך, אמר להן הלכה למשה מסיני, נתיישבה דעתו חזר ובא לפני

שלהם, או הרב לא קיבל מהאר"י ז"ל את שמות התגין. עם כל זאת בגלל שהבחינה התחתונה מגלה את הבחינה העליונה, לכן בבחינה ט' ספירות שלה מתגלים שמות התגין.[46] • דוגמה יותר מופשטת וטובה **וכן צוּרת תָּגֵין שֶׁבְּכֶתֶר** של **אִמָּא, הֵם אוֹתִיּוֹת שֶׁל שְׁמוֹת הַנְּקוּדוֹת שֶׁבְּתֵשַׁע סְפִירוֹת** התחתונות **דְּאַבָּא**

כלומר האותיות דכתר דאימא נעשים משמות הנקודות, והאותיות של השמות דנקודות נעשים מתגין[47] בכתר דאימא, **וְאֵלּוּ הָאוֹתִיּוֹת נִקְרְאוּ תָּגִין** ר"ל אפילו הם בצורת אותיות של שמות הנקודות, ויש להם צורת אותיות של כ"ב אותיות התורה, בגלל שהם נעשים מתגין, אותיות אלו נקראים תגין, ועל ידי כך מתגלת הנהגת אבא באימא, **וְהַמָּשָׁל בָּזֶה** הוא, **נְקוּדוֹת** שבספירות[48] **חֶסֶד וּגְבוּרָה שֶׁל זְכֻכְמָה** שהוא פרצוף אבא, ואבא

הקב"ה. אמר לפניו רבונו של עולם יש לך אדם כזה ואתה נותן תורה על ידי, אמר לו שתוק כך עלה במחשבה לפני, אמר לפניו רבונו של עולם הראיתני תורתו, הראני שכרו, אמר לו חזור]לאחורך[חזר לאחוריו, ראה שׁשׁוֹקלין בשרו במקולין, אמר לפניו רבש"ע זו תורה וזו שכרה, אמר לו שתוק, כך עלה במחשבה לפני.
טור, אורח חיים, הלכות תפילין סימן ל"ו - בי"ת צריך ליזהר בתג של אחוריה לרבעה, שלא תהא נראית כך"ף, וצריך שיהא לה בראשה מצד שמאל **תג קטן**, דל"ת צריך ליזהר בתג של אחוריה לרבעה, שלא תהא נראית כרי"ש, ה"א יש לה **תג** קטן למעלה מצד שמאל, כדאיתא בפרק הקומץ מ"ט תגא, ופירש"י יש לה תג קטן בסוף גגה למעלה, ור"ת פירש דמיירי בעוקץ של אחוריה לרבעה, שלא תהא עגולה מאחוריה, וטוב לעשות כדבריהם שניהם. חי"ת איתא בפרק הקומץ חזינא לספרי דוקני דהתרי לגגה דחי"ת, ופירש רש"י כמין חוטרא של צד שמאל, יש לה למעלה כמין **מקל** כזה, ור"ת פירש יש לה להיות גובה באמצע גגה כזה, מלשון חטוטרות.
[46]

לדוגמה באופן של משל, אם שם התגין הוא מקל, שמות ט"ס התחתונות יהיו בצורת אותיות מ, ק, ל. ר"ל רק אותיות מקל ירמזו לט"ס תחתונות דבינה, ולא שום אות אחרת.
תרשים ד – י"ז.
[47]

שמות הנקודות הם מתגלים בכתר דאימא, לדוגמה כמו שהרב ז"ל של ניקוד שב"א סגו"ל.
תרשים ד – י"ח
[48]

לכל ספירה וספירה יש את הניקוד הפרטי שלה, כאשר נקוד של ספירת החסד הוא סגול, והנקוד של ספירת הגבורה הוא שבא.
תרשים ד – י"ט.
ע"ח ח"ב שמ"ד פ"א דצ"ז ע"א - וזה ענינם כתר של ז"א שלו הוי"ה בנקוד קמץ כולו, י' שבה בניקוד קמץ הוא נשמה לנשמה תוך הכל, ה' הראשונה בקמץ הוא נשמה, תוך לבושי הפנימי של כתר, ו' נקוד בקמץ הוא רוח, תוך הלבוש אמצעי של כתר, ה' אחרונה נקוד בקמץ הוא נפש, תוך לבוש חיצון של כתר. ועל דרך זה הוי"ה ב' כולו בפתח, בחכמה דז"א. והוי"ה כולו בצירי, בבינה דז"א. ודעת ז"א בחולם צירי קמץ צירי, והוא **שם המפורש** הנזכר בכל מקום, ומתחלק גם כן על דרך הנ"ל. הוי"ה בסגול, בחסד. הוי"ה בשבא, בגבורה. הוי"ה בחולם, בתפארת. הוי"ה בחירק, בנצח. הוי"ה בקבוץ, בהוד. הוי"ה בשורק בוא"ו, ביסוד. כי כבר ביארנו כי המלכות משלמת לי"ס.
ע"ח ש"ח פ"א מ"ת דל"ד ע"ג - ולהבין פסוק זה נבאר מציאות הענין)נ"א מציאת העין(, ונאמר כי הנה הנקודות הם ט', שהם קמץ, ופתח, צירי, סגול, שבא, חולם, שורק, חירק, קיבוץ. אמנם גם כן יש בהם בחינות עליונות שהם ניקוד חולם, ואמצע כגון שורק, וכל השאר הם תחתונים, שמקומם הם תחת האותיות. ואחר כך יתבאר כל זה בע"ה. והנה כל הז' אחרונות של הנקודות הם בצורת יודי"ן, חוץ מב' נקודות הראשונים שהם קמץ פתח, שהם ב' ווי"ן ויו"ד, והענין כי כאשר נמנה כל היודי"ן שיש בז' נקודות אלו הם י"ג יודי"ן גימטריא ק"ל, כמנין עי"ן, להורות כי מן העין יצאו הנקודות, ונשאר קמץ פתח שהם י' וב' ווי"ן, שהם גימטריא כ"ב, והוא סוד כ"ב אותיות שמהם נעשו הכלים של הנקודות. ואם תאמר למה נרשמו ונרמזו הכלים בב' נקודות הראשונים שבכולם והמעולות, אמנם הענין הוא כי מאלו ב' נקודות הראשונים שהם כתר חכמה של הנקודות

בעצם הוא או"א עילאין, הם נקוד **שׂבׁ"א** בגבורה[49] וסֹגֹ"ל בחסד[50]. **וכשׁאׁנו רוצים להׁזכירם בשׁמות הׁנׁ"ל, בהׁכרז** [דכ"ב ע"ד 44] **הוא להׁזכיר עׁל ידי אׁותׁיׁות** כלומר תמיד חייבים לציר את שמות הטעמים, נקודות, תגין, ואותיות מאותיות. רק השאלה היא אם תורת האות נעשית מטעמים, נקודות , תגין או אותיות, **והׁנׁה האׁותׁיות הׁהׁם** שהם שמות הניקוד שב"א סגו"ל, **הׁם הׁכׁתר דאׁמׁא, והם אותיות** שב"א סגו"ל ה**מׁזׁוׁבׁרים מתׁגׁין הׁרבׁה**[51], כלומר צורת האותיות נעשו מהתגין, ועל ידי זה נעשים ב' בחינות, א' – גילוי המדרגה העליונה על ידי התחתונה. ב' – הׁידיעה שאׁתה נמצא בכתר דאׁימׁא[52]. **והׁנׁה** עד עכשיו היה מובן כי כל האותיות של שמות הנקודות הם בכתר דאימא, הרב מבאר שלא כך הוא,

---

כנודע מהם נעשׂו כלים)נ"א יצאו כלים אלו(אל השאר, והם אשר הולידו והוציאו כלים לספירות אשר תחתיהן. עוד טעם ב' לפי שנודע כי הז' נקודות תחתונים הם ז' מלכים שמתו, ונודע כי בחינת המיתה היא שבירת הכלי, לכן הז' נקודות אחרות נשארו בלא כלי, רק אור לבדו, שהוא בחינת הנקודות, אבל הראשונים לא מתו ונשארו)נ"א נשארו(עם הכלים שלהם. הנה האורות נעלמים ומתלבשים תוך הכלים, ונקרא על שם הכלים, שהם הכ"ב אותיות הרמוזין בקמץ ופתח כנזכר, והנה הקמץ מורה על הכתר כנודע, והכתר הוא טעמים, והפתח מורה על החכמה, והם הנקודות, ולכן נקראים אלו ב' נקודות אלו קמץ ופתח כי הם מורים על ענין הנ"ל.

שער הכוונות, דרושי פסח, דרוש י"א - בשבוע הראשון יכוין אל הוי"ה אחת שבספירת החסד כולה מנוקדת בסגול. ובשבוע שני בנקוד שבא, שהיא הוי"ת גבורה. ובשבוע הג' בהוי"ת התפארת, והיא כולה בנקודת בחולם. ובשבוע הד' בהוי"ת הנצח, וכולה מנוקדת בחיריק. ובשבוע הה' בהוי"ת ההוד, כולה מנוקדת בקיבוץ. ובשבוע הו' בהוי"ת יסוד, כולה מנוקדת בשורק ו'. ובשבוע הז' בהוי"ת המלכות בניקוד צבאות, שבא וקמץ וחולם. ויחלק כל שבוע לפרטות ז' ימים שבה.
49

נקוד הגבורה שהוא שב"א רמוז בתנ"ך, ידוע כי הזהב רומז לגבורה, וכסף לחסד.
תהילים ע"ב ט"ו - ויחי ויתן לו מזהב **שבא** ויתפלל בעדו תמיד כל היום יברכנהו.
50

הרב ז"ל כתב - והמשל בזה נקודות חסד גבורה של חכמה שב"א סגו"ל, האמת היא שהיה צריך לכתוב הניקוד דחסד וגבורה הוא סגו"ל ושב"א, ולא להפך, כי הנקוד של החסד הוא סגו"ל, ושל הגבורה הוא שב"א. אך לא לחינם הרב ז"ל כתב זאת, בהמשך הדרוש הרב ז"ל יבאר זאת, בכללות הענין הוא כי אימא היא בחינת גבורות, וצד הגבורה גובר בה, לכן הניקוד שב"א שהוא גבורה, בא לפני הסגו"ל שהוא חסד.
51

תרשים ד – כ.
52

דברים אלו רומזים לענינים רוחנים נשגבים, הלכה למעשה כל הבחינות האלו הם יחודים.
שער רוח הקודש דכ"ה ע"א - אחר כך בלילה האחרת, אמר לי שיכוין קודם שיאמר סדר השכיבה, בשם **תׁגׁעׁ"ׁיׁ**. ותחלה יצרפהו בצירוף תׁׁעׁׁגׁׁ"ׁׁיׁׁ. ותׁ"ׁעׁ, הוא - ע"ב, ק"ל, וע"ב, וב"ן, ושכל זה הוא בגימטריא ת"ע. ויחבר עמהם ג' פעמים א"ל, א"ל, א"ל, שסודם מג"ן, והם **גׁ"ׁיׁ**ן הנזכר. ונקודו הוא מפסוק אנכי מגן לך. **תׁע** הם א"ׁן מאנכי, ו**גׁן** הם מ"ג ממגן. אחר כך תצרפהו בצרוף **תׁגׁעׁ"ׁיׁ**, ונקודו של **תׁ"ׁג**. מן פסוק גת דרך הוי"ה לבתולת בת יהודה. וניקוד **עׁ"ׁיׁ**, הוא חי בסוד עץ חיים. וכונת הענין הוא במה שהודעתיך, כי כתר דאבא הם טעמים, וט"ס דאבא הם נקודות, וכתר דאימא הם תגין, וט"ס דילה הם האותיות. וב' הכתרים דאו"א, הם בגרון דא"ק. והנה מה שאמרנו, כי כתר דאימא הם תגין, הענין הוא, כי הנה כאשר אנו רוצים לקרוא שם אל הנקודות להכיר אותם, הוא בהכרח להזכירם על ידי אותיות, כגון נקודה זו **יׁ** נקראת סגול, ונקודה זו **יׁ** נקראת שב"א, וכיוצא בזה בשאר הנקודות, והנה אלו האותיות אשר הם שמות אל שתי הנקודות מן הנקודות שבט"ס אחרונות של אבא, הם בכתר של בינ"ה, ואלו נקראים תגין. וכמו שהודעתיך פירושו, כי האותיות עשויה בצורת תגין כזה **בׁ** שזו היא אות ב', עשויה כצורת תגין. גם הנקודות של אבא, הם אותיות של הטעמים כזה,

אלא דַּע כִּי הָאוֹתִיּוֹת אֲשֶׁר הֵם בְּצוּרַת תָּגִין, אֲשֶׁר הֵם בְּכֶתֶר בִּינָה, שֶׁהֵם צוּרַת אוֹתִיּוֹת שֶׁל שְׁמוֹת הַנְּקוּדִים שֶׁבְּזָכְמָה כַּנַּ"ל, אֵינָם כל האותיות של השמות של הנקודות, שהם קמץ, פתח, צרי, וכו', אֶלָּא רק ז' אוֹתִיּוֹת של שמות הניקוד שבספירות חסד גבורה דאבא, והניקוד שבספירות אֵלוּ שֶׁהֵם שֶׁבָּ"א סֶגֹּ"ל צ"ל[53] סֶגוֹ"ל[54], וּזְשֶׁבּוֹנָם של אותיות שב"א סגו"ל גִּימַטְרִיָּא[55] מספר ת"ג, וְעַל[56] כֵּן כֶּתֶר הַבִּינָה הם רק ז' אותיות שהם שב"א סגו"ל, ואותיות אלו נעשו מתגין, לכן כתר דאימא נִקְרָא תָּגִין[57], וְהָבֵן זֶה.

דרוש זה מקורו מספר שער ההקדמות וצריך לכתוב מ"ק בראש הדרוש.

כאן שיכת ההגהה שנמצאת בתחילת הדרוש, המתחילה באותיות מ"ק, והיא משער ההקדמות. יכול להיות שההקדמה זאת היא יחוד, או כוונה של כתיבת ת"ג בסת"ם.

זרקא

שהם האותיות זרקא. וכיוצא בזה. וכן הענין בטעמים עצמם, שהם אותיות בצורת עגולים כזה

שהיא תורת ב' וכיוצא בזה.

ונחזור לענין, כי האותיות אשר הם בכתר של אימא, אשר הם צורת האותיות של הנקודות, אינם רק אותיות של שב"א סגו"ל, אשר הם בגימטריא ת"ג. והענין הוא, כי הנה אבא אחיד במזל השמיני דדיקנא דעתיקא, וכשתמנה מתקון הח' עד הי"ג, יש ששה תקונים, וכשתחלקם באבא, יהיו תקון הח' בכתר, והט' בחכמה, והי' בבינה, והי"א בדעת, והי"ב בחסד, והי"ג בגבורה. וכבר ידעת כי אימא נפקת בין תרין דרועין דאבא, בין חסד לגבורה. ונמצאו חסד וגבורה דאבא, על גבי כתר דאימא, לפי שכתר דאימא הוא בתפארת דאבא. וכבר ידעת, כי נקודות חסד וגבורה, הם סגול שבא. נמצא כי אימא אין לה קבלה, רק מאלו השנים שעל ראשה. ואותיות של אלו הב' נקודות שלהם, הם הנעשים תגין אליה, והם בכתר שלה. גם נתבאר בסדר הי"ג מדות, כי תקון הח' הנקרא מזלא, הוא יסוד של הכתר. ועל דרך זה הולך ממטה למעלה. ונמצא כי ונק"ה שהוא מזל הי"ג האחרון, הוא חסד של הכתר, הרי כי במקום שמסתיימים י"ג תיקוני דיקנא, שהם חסד וגבורה של הכתר דדיקנא עילאה, שם מתחיל כתר אימא. ולכן מזל הי"ג אחיד בה באימא. ולפי שאימא היא נקבה, לכן גברה נקודת הנקבה שהיא שב"א, וקדמה אל נקודת הזכר שהוא סגו"ל.

[53] צריך לגרוס סגו"ל עם אות ו', כי לפי כן הרב ז"ל ביאר וכתב **אינם אלא ז' אותיות,** כלומר שיש ז' אותיות בכתר דאימא, שהם שב"א סגו"ל, לכן חייבים לגרוס סגו"ל עם אות ו'.

[54] בניקוד של כח"ב שהם קמץ, פתח, צרי הוא בחינת רדל"א לפרצוף התחתון, ולא מתלבש בו כלל. הניקוד של תנה"י שהוא חולם, חיריק, קובוץ, שורוק מתלבש בתוך הפרצוף התחתון והוא בחינת מוחין אליו.

[55] בגימטריא של הנקוד שב"א הוא ש"ג, והגימטריא של הנקוד סגו"ל הוא צ"ט, ש"ג וצ"ט הם בגימטריא ת"ג עם הכולל.

[56] **הגהות וביאורים** (**י** - בספר כתב יד ליתא תיבת כתר.

[57]

תרשים ד – כ"א.

מ"ק משער ההקדמות. סוד הכוונה של כתיבת או יחוד התגין הוא מספר שמות קודש, אשר בכללותם הם גימטריא ת"ג, והם שם אהי"ה באלפי"ן וביודי"ן, שהם אהי"ה באלפין שהוא אל"ף ה"א יו"ד ה"א, גימטריא קמ"ג, ואהי"ה היודין שהוא אל"ף ה"י יו"ד ה"י, בגימטריא קס"א, וב' שמות אלו קמ"ג קס"א ביחד הרי הם בגימטריא ש"ד. ועוד צריך לכוון בשם הוי"ה שהוא בגימטריא כ"ו, ובשם אהי"ה שהוא בגימטריא כ"א, ב' שמות אלו הגימטריא שלהם היא מ"ז. ועוד צריך לכוון בהוי"ה ד'מילוי ההי"ן שהוא יו"ד ה"ה ו"ו ה"ה, והוא בגימטריא ב"ן, הרי הוי"ה דההי"ן שהיא ב"ן וב' שמות הוי"ה ואהי"ה שהם ביחד גימטריא מ"ז, הם גימטריא צ"ט. וצ"ט וש"ד הם גימטריא ת"ג[58], עד כאן משער ההקדמות, מ"ק.

המשך הדרוש מ"ב מספר קהילת יעקב.

והטעם אל הנ"ל שכתר דאימא נעשה רק מאותיות שב"א סגו"ל הוא כן, כי[59] כבר נתבאר כי כתר דאמא והיא ישסו"ת הוא בחזה דאבא, שהוא שני שליש תפארת דאבא, ואבא הוא או"א עילאין[60].

---

[58] שם אהי"ה דיודין הוא קס"א (161) ושם אהיא דאלפי"ן הוא קמ"ג (143), והם ביחד ש"ד (304), והם רומזים לבחינת חג"ת הנמצאים בחזה, ושם בחינת השדים המתגלים מיסוד דאימא המתלבשת בז"א עד החזה. הגימטריא של שם הוי"ה הוא כ"ו (26), והגימטריא של שם אהי"ה הוא כ"א (21), וב' שמות אלו הם בגימטריא מ"ז (47), וב' שמות אלו רומזים לזיווג או"א כדי להשפיע מוחין, לפעמים מבחינת זיווג שלים, ולפעמים זיווג דלא שלים, כאשר כל הזיווגים תלויים בתחתונים. הגימטריא של שם הוי"ה דההי"ן הוא ב"ן (52) והוא רומז על בחינת המלכות המלבשת עד החזה. כללות כל השמות האלו הם גימטריא ת"ג (403). וזאת היא כוונת ויחוד כתיבת כל תג ותג בספר התורה, תפילין ומזוזה.

תרשים ד – כ"ב.

ע"ח שט"ז פ"ג דע"ט ע"ד - ואמנם ב' אהי"ה הראשונים דיודי"ן ואלפי"ן הם גימטריא ש"ד, כזה אל"ף ה"י יו"ד ה"י אל"ף ה"א יו"ד ה"א, ומהם מתהוים ונעשו שדים והדדים, שיורד אהי"ה דיודי"ן למקום אהי"ה דאלפי"ן שמקומו בתפארת נגד החזה, ושם מתחברים שניהם ונעשו שדים ודדים.

נהר שלם דט"ו ע"ב - בכללות ג' ברכות ראשונות יכוין לתקן אריך, ואו"א, וישסו"ת דעשיה, בי"ג תיבות דנטילת ידים, הם כנגד י"ג תקוני דיקנא דאריך דעשיה, ויכוין לתקן אריך דעשיה, ולהמשיך ממנו הארה גדולה לתקן את אור מקיף דחיצוניות נה"י דעשיה, ובמ"ה תיבות דאשר יצר הם כנגד שם מ"ה, יו"ד ה"א וא"ו ה"א, שהוא בחכמה דעשיה, שהם או"א עילאין דעשיה, ויכוין לתקן או"א עילאין ולהמשיך מהם הארה לתקן אור מקיף דפנימיות נה"י דעשיה, ויסמוך אליו מיד ברכת אלהי נשמה, שהיא ישסו"ת לחבר או"א, ויכוין בשילוב הוי"ה ואהי"ה שהם או"א דלא מתפרשן לעלמין מספרם מ"ז, כמספר תיבות שבברכת אלה"י נשמה.

ע"ח ח"ב של"ב פ"א מ"ת דל"יד ע"ד - גם נתבאר אצלינו כי יסוד דאמא נשלם בחזה דז"א, לכן עד שם היו מוחין דאבא מכוסים תוך הנה"י דאמא, ומשם ולמטה מתגלה יסוד אבא, ולסבה זו יצאו שם חוץ לז"א ב' פרצופים, כי מיסוד אמא ר"ל מאורותיה הגולין שנתגלו מן החזה ולמטה יצאה רחל מאחוריו שיעור מקום זה, ומלפניו יצא פרצוף יעקב גם כן כשיעור מקום זה.

[59] מקום בינה דנ"ח – כי כבר נתבאר לעיל כי כתר דאימא הוא בתפארת דאבא וכו'. צמח כשאימא רובצת על האפרוחים, אז כתרה בתפארת דאבא, ובשאר זמנים אבא ואמא כחדא שריין כנודע. א"מ זה לא מובן, אלא

[הגהה][61] **צמזז היינו כמאמא** שהיא ישסו"ת **לובלת** בזמן נתינת מוחין דקטנות **על** זו"ן, **הנקראים מפרוחים** בסוד הפסוק[62] כנשר יעיר קינו על גוזליו ירחף, **אז כתר שלה** ר"ל הכתרים דישסו"ת נמצא **לשני**

במה שכתוב להלן בשער הנקודים פרק ה', שבחינת התגין הם בישסו"ת, ונקרא אימא, והם יצאו בין חסד
וגבורה דאבא, ופשוט. ואחר כך מצאתי כתוב בהדייא בשער אריך אנפין פרק ט"ו, ועויין שם.
60

ישסו"ת מלבישים את או"א מהחזה ולמטה.
תרשים ד – כ"ג.

ע"ח שי"ד פ"ח מ"ב דע"ג ע"ד - הנה נתבאר לעייל כי יש בינה ותבונה ראשונים, התבונה היא מחזה)ב"א
ותבונה ראשונה ותבונה זה מחזה(דבינה למטה, דוגמת רחל עם לאה, וכנגדה ב' חלקים שבחכמה, ונמצא כי
זאת הבינה הראשונה מזדווגת עם חלק העליון של החכמה, ועל אלו נאמר כחדא נפקין ולא מתפרשין לעלמין,
כנזכר באדרא. ועל התבונה ועל חלק התחתון של החכמה אינו כן, דלזמנין מתפרשין. וזה התבונה מחציה
ולמטה שהוא מהחזה שלה ולמטה היא מתלבשת בז"א, בסוד מוחין דיליה, ואלו הב' חצאין של תבונות זו
עליהם נאמר – ואיש תבונות ידלנה, כנזכר בדרוש אחר, ולעולם נקרא ב' תבונות בערך ב' חצאין אלו, ואמנם
שניהם אינם רק פרצוף א' לבד.
61

בהגההה זאת הרב יעקב צמח ז"ל מבאר באיזה זמן נמצאת אימא בחזה דאבא, ומבאר כי זמן זה הוא בעת נתינת
מוחין לזו"ן, לפי פשט דברי קודשו מדובר על אימא עילאה, מפני שמדובר על בחינת התגין, שהם בחינת אימא
עילאה, והרב יעקב צמח ז"ל נשאר נאמן לפשוט הדרוש. אבל ידוע הדבר כי או"א כחדא נפקין, וכחדא שרייין,
ואין מצב שאימא תהיה יותר נמוכה מאבא, אלא תמיד הם באותו גודל, **וייתר מזה, כל פרצוף עליון המשפיע
מוחין לפרצוף התחתון, בחינת הזכר והנקבה של הפרצוף העליון תמיד יהיו שווים.** לכן בעומק העניין
כאשר הרב ז"ל כותב אימא, הכוונה היא לישסו"ת, שהם בחינת ו"ק דאו"א, והם בחינת זיווג חיצוני, להשפיע
מוחין דקטנות. ואבא הוא או"א עילאין, והם בחינת זיווג פנימי, להשפיע מוחין מוחין דגדלות. כמו שמביא הכרם
שלמה.

ע"ח שט"ו פ"א מ"ב דע"ה ע"א - דע כי יש ב' מיני זווג אל או"א, האחד בהיותן שניהן שוין למעלה
במקומן בקומתן פב"פ, אשר זה נקרא בחינת זווג או"א עלאין, והב' הוא בחינת אמא רביעא על בנין,
והוא כאשר אמא הנה"י שלה מתלבשין המוחין דז"א בתוכם, ואח"כ מתלבשים הנה"י דאמא תוך ז"א, ואז
נקרא ואם רובצת על האפרוחים, לפי שהיא יורדת למטה למטה משיעור קומת)אבא(ומשפלת עצמה למטה, ואז היא
דומה על הנוקבא דז"א אף כאשר היא מזדווגת עם ז"א בסוד ג' תחתונות שבו לבד כנודע. וכן עתה היא
אמא עלאה דז"א עמו נגד חצי תפארת התחתון, ונה"י של אבא לבד. ואז בהיותן כן, צריך שגם אבא ירכין
ראשו וישפיל עצמו למטה כדמיון ז"א עם נוקבא בג' תחתונות שבו כנ"ל. **וזווג זה הוא זווג דיש"ס ותבונה
וזכור זה,** ולא נצטרך לחזור ולהזכירו בכל פעם ופעם. והנה זה הזווג הב' נחלק לב' אופנים, הא' כאשר אמא
מתלבשת בז"א לבד, והב' כאשר אמא מתלבשת במלכות עצמה, נוקבא דז"א, ושניהן נקרא זווג אחד. והנה
ההפרש שיש בין הזווגים הנ"ל הוא, כי בזווג)הא'(הנ"ל שהוא בהיותן למעלה זהו בקומתן שוין עיקר הזווג
שלהם האמיתי, אבל זווג הב' נקרא זווג לפרקים של מקרה, והוא כאשר גברו עונות של התחתונים ואין בהם
כח לקבל השפעה העליונה, אז צריכה האם העליונה למעט אורה כדי שנוכל)שיוכלו(לקבלו, ואז יורדת למטה
להיותה רובצת על בניה, כדרך העוף והנשר המתרחפת על בניה שלא יטרפוה עופות נכרים, ורובצת עליהם
לשומרם, ואז הוא בזמן שהבנים צריכין לאמם, שזה מורה חולשה שבהם, עד שצריכין שאמא תרביע עליהן
לשומרן, ואותו הזווג הנעשה אז נקרא זווג לפעמים של מקרה. והרי נתבאר ב' מיני זווגים שיש לאו"א בבחינת
עצמם, מה שינוי יש בהם. ועתה נבאר ב' מיני זווגים בבחינת הזווג עצמו, מהו התכלית וההפרש שלו, הנה זווג
אחד הוא נקרא זווגא שלים כנזכר זוהר פרשת אחרי דס"א ע"ב, והזווג הב' נקרא זווגא דלא שלים. וביאור
הדברים הוא כי זווג שלים הוא אשר תכלית הזווג הוא כדי להוריד עטרות ומוחין אל הבנים זו"ן, כדי להוציא
נשמות חדשות, על ידי זווגים של זו"ן עצמן, וזווגא דלא שלים הוא כאשר תכלית הזווג הוא כדי להוריד חיות
ומזון אל העולמות, שהוא מוכרח בעת בריאת העולם. וצורך להם, וגם לתת כח)ב"א מוחין(לזו"ן שיזדווגו
ויולידו נשמות ישנים שכבר נבראו בעת בריאת עולם, ולחזור לחדשם. ופירוש העניין יתבאר לך בהקדמה
שנבאר לך, בעניין נשמות חדשות וישנות במקומו בדרוש הגלגולים פ"ז. ואמנם עניין שינוי ב' זווגים אלו כי

29

שלישי **תפארת לחבא** שהוא או"א עילאין. **ובשאר הזמנים** עוסק בזיווגם של או"א עילאין עצמם, והם **כחדא נפקין וכחדא שריין** זקופים ושווים בקומתם, והם נקראים בכללותם אבא, וישסו"ת נקראים בכללותם אימא, המלבישים על אבא מהמחזה ולמטה.

כאשר מזדווג אבא עם אמא ע"י חכמה שלו, שהם סוד הנקודות כנודע, כי כל השמות שיש בחכמה הם בנקודות, אבל אותיות השמות שהם בבינה, אין בהם ניקוד. והנה כשמזדווג אבא עם אמא מבחינת חכמה שלו, אשר השמות הם מנוקדים, אז הוא זווגא שלים שהוא זווג חכמה עם בינה, אבל כאשר הזיווג הוא מבחינת בינה דאבא שהם שמות בלתי ניקוד, אז נקרא זווגא דלא שלים, כי נקרא זווג בינה עם בינה, כי הרי אין אבא מזדווג עם אמא אלא בבחינת בינה שבו, והבן מאד. והנה זה היא משארז"ל שלא יכנס בירושלים של מעלה, שהוא זווג או"א, עד שיכנס בירושלים של מטה שהוא זווג שלים דזו"ן לגמרי, גם מצינו בזוהר באדר"ז דאו"א לא מתפרשין לעלמין, והוי זווגייהו תדיר והנה מצינו במקומות רבים דאמא מתתרכת מעל בנין, ואין לה זווג כנזכר בתקונים על שלח תשלח את האם, ועל פסוק ובפשעכם שולחה אמכם, אבל העניין מובן עם הנ"ל כי זווג השלים שהוא זווג דאו"א, בבחינת חכמה שהם הנקודות זה נפסק בעונותינו מימות החורבן, וכמ"ש פרשת פקודי דרנ"ב ע"א, על היכל אהבה, כי מן החורבן ואילך לא נכנסו שם הנשמות חדשות. אמנם זווגא דלא שלים שהוא לחדש נשמות ישנות, או להחיות העולמות, אין זווג זה נפסק לעולם. ודע כי העולה מכל זה כי ב' מיני זווגים הם כל אחד כלול מב' זווגים, כי הנה הזווג העליון שהוא בחינת (בהיותה) למעלה במקומה, יש ב' (מיני) זווגים, דלא שלים וזווג שלים. ובזווג הב' שהוא בהיותה למטה, בסוד הרביצה על האפרוחים, יש בו ב' זווגים הנ"ל, זווגא דלא שלים, וזווג שלים.

כרם שלמה ש"ה פ"ד אות א' - ומה שאנו כותבים הכא שאלו הט' ספירות דאימא, שפרושו הוא על הישסו"ת, הרב ז"ל עצמו ביאר זאת בפרקין בסמוך, שכתב וז"ל – ועל כן כתר דבינה נקרא תגין והבן זה, והטעם אל הנ"ל הוא כי כבר נתבאר כי כתר דאימא הוא בתפארת דאבא, ונשארו חסד וגבורה דאבא בבחינת תגין על כתר דאימא, ואינן נכנסים בה וכו'. נמצא שזאת האימא היא יושבת בין חסד וגבורה דאבא, שהם בחינת דרועין, וכתב לקמן בסוף פרק ח' דשער אנ"ך, וז"ל - הרי נמצא כי כפי האמת אבא הוא כללות או"א עילאין, יו"ד שבשם, ואימא היא כללות ישסו"ת ה' הראשונה שבשם, וכו'. ונודע בדרוש אחר כי אימא נפקא מבין דרועין דאבא, והוא סוד ישסו"ת, הנקרא אימא נפקא מתחת ב' דרועין דאו"א עילאה, הנקראים שניהם אבא לבד, עד כאן לשונו. הרי מבואר מדבריו ז"ל מה שכתב כאן בפרקין כי כתר דאימא הוא בתפארת דאבא, ונשארו חסד וגבורה דאבא וכו', הוא על בחינת ישסו"ת הנקרא אימא, ואבא הוא בחינת או"א עילאין.

ולא ידעתי בזה איך הרב צמח ז"ל סתם אלו הדברים בהגהותיו כאן, וכתב דברים שאפילו שהלומד יטעה בהם בלומד דבריו, ובפרט להמתחילים שכתב כשאימא רובצת וכו', ובשאר הזמנים או"א כחדא נפקין וכו'. ואף על פי שכתבנו לעייל שהכתר דאימא מה שנקרא תגין, הוא הוא בחינת הכתר דישסו"ת, ולהיות שנעשה מבחינה העליונה ממנו נקרא תגין, והיא בחינת אימא עילאה שנקראת תגין, והרי הרב ז"ל כתב כאן שנעשה מכתר דאבא, ופרשו הוא מתפארת דאו"א עילאה. אלא הרב ז"ל כאן סתם דבריו, וכוונתו על בחינה העליונה מישסו"ת שהיא בחינת אימא עילאה, כי זה הכלל כלל אותו הרב ז"ל בכל מקום, כי הכתר נעשה מהבחינה העליונה ממנו, ופשוט הוא בכל מקום.

62

דברים ל"ב י"א - כנשר יעיר קנו על גוזליו ירחף יפרוש כנפיו יקחהו ישאהו על אברתו.

ע"ח ח"ב שמ"ב פי"ג מ"ת דצ"א ע"ד - והעניין בקיצור כי הנה הבינה היא אם הבנים, ושומרת אותם כנשר יעיר קנו וגו', יפרוש כנפיו יקחהו כדרך הפורש כנפיו ומכסה בניו שלא יקחום עופות אחרים, כך הבינה מחמת יראתה מהחיצונים שלא יתאחזו בבניה, שהם זו"ן, אשר שם יש יכולת להחיצונים להתאחז, משא"כ בבינה עצמה כנודע, שאין אחיזה לחיצונים בה, ולכן שומרת אותם תחת כנפיה, ונעשית להם מחיצות כדוגמת ענני כבוד שהיו לישראל, שהיו נשמרים על ידם מאבני בליסטראות וחיצים שהיו זורקין בהם המצריים ועמלקים, והנה הבינה חופפת ומכסה עליהם מכל צדדיהם, אף למטה תחת רגליהם.

וְנִשְׁאֲרוּ חסד וּגְבוּרָה דְאַבָּא[63] **בבחינת תגין על הַכֶּתֶר דְאִמָּא,** וחסד וגבורה דאבא **אֵינָם נִכְנָסִין בָּהּ** ר"ל באמא, **רַק מְאִירִים מֵרָחוֹק** באמא, והיא בחינת ישסו"ת, שהם בחינת האותיות, **כַּדְּמְיוֹן הַתָּגִין** הנמצאים **עַל הָאוֹתִיּוֹת** ולא נכנסים בתוכם. **לָכֵן לֹא נִזְכַּר בְּכֶתֶר דְּבִינָה** שהיא בחינת הכתרים דישסו"ת **רַק ז' אותיות אלו, שֶׁהֵם סגו"ל וּשֶׁבָּ"א בְּצוּרַת תָּגִין** ושאר שמות הנקודות שהם חולם, חיריק, קובוץ, שורוק, הם המוחין שבתוך אימא, כדמיון נה"י דתבונה המתלבשת תוך ז"א כדי לתת לו מוחין[64], והניקוד של כתר, חכמה, בינה, דאבא שהם קמץ, פתח, צרי, הם רחוקים מאימא לכן הם לא משפיעים באימא, ולכן הם לא נזכרו, וכל זה **לִרְמוֹז אֶל הַנַּ"ל, שֶׁזֶּסֶד וּגְבוּרָה דְאַבָּא, שֶׁהֵם** אותיות **סגו"ל שֶׁבָּ"א, וְהֵם בְּצוּרַת תָּגִין עַל אותיות דְאִמָּא** ר"ל ישסו"ת. **גַּם כִּי מִסְפָּרָם** של האותיות סגו"ל שב"א **עוֹלֶה** בגימטריא ת"ג עם הכולל, **כַּנַּ"ל** בדרוש זה. **נִמְצָא כִּי בבחינת אותיות** של חסד **וּגְבוּרָה דְאַבָּא, שֶׁהֵם שֶׁבָּ"א סגו"ל הֵם נַעֲשִׂים תָּגִין עַל כֶּתֶר דְּבִינָה** ר"ל ישסו"ת, **וְהָבֵן זֶה מְאֹד** שכל זה נגרם בגלל איך שיסו"ת מלבישים את או"א עילאין, מהחזה דאו"א עילאין ולמטה, כאשר הכתרים של ישסו"ת הם בתפארת דאו"א עילאין, וכל חב"ד חג"ת נה"י שלהם מלבישים על נה"י דאו"א עילאין, יוצא מזה כי חסד וגבורה דאו"א עילאין נמצאים מעל כתרי ישסו"ת, והם התגים שעל האותיות, ושאר הנקודות התחתונות שבאו"א עילאין, משמשים כמוחין לישסו"ת. **וּלְפִי**[65] **שֶׁהַבִּינָה** ר"ל ישסו"ת **הִיא נֻקְבָּה** בערך או"א עילאין, **לָכֵן**[66] **גָּבְרָה** ספירת **הַגְּבוּרָה**

63

הגהות וביאורים)יא(- א"מ זה לא יובן, אלא במה שכתב לעייל, בשער הנקודים פרק ו' שבבחינת התגין הם בישסו"ת, הנקרא אימא, והם יצאו בין חו"ג דאבא, ופשוט. ואחר כך מצאתי כתוב בהדיא בשער אן"ך פרק ה' יע"ש.

64

תרשים ד – כ"ד.

65

כרם שלמה ש"ה פ"ד אות ט' – ולפי שהבינה היא נקבה, לכן גברה הגבורה וקדמה נקודתה אל נקודת החסד, שהוא זכר, לכן הוא כסדר שב"א סגו"ל, ולא סגו"ל שב"א. נראה לכאורה פשט דברי הרב ז"ל כמו שכתב הרב צמח ז"ל, ופירש כי הוקשה לו כי נקודת החסד היא סגו"ל, ולזה קמאר אף על פי שכאן הוא בחינת ישסו"ת שהם זכר ונקבה, והנקודות הללו הם בכתר שלהם שהוא זכר, והנקודות הם באים שהוא זכר, אף על פי כן הואיל והם בכללותם נקראים בינה, והיא נקבה, לכן נקראים הנקודות על שמם של ישסו"ת. ונודע כי פרצוף הנקבה לוקחת תחילה מוחין שלה, שהם הגבורות, ואחר כך בהזווג נוטלת החסדים, וכנודע בסוד מחלוקת רבי יהושוע ורבי אליעזר, בניסן נברא העולם, או בתשרי, כמבואר בהלכות ראש השנה של הרב ז"ל. לכן גברה נקודת השב"א שהיא גבורה, לנקודת החסד שהוא זכר, להורות לנו על זה. וכן נודע הוא כי מוחין של פרצוף הנקבה נקראים הם מתתא לעילא, אף על פי שהם מעילא לתתא נקראים מתתא לעילא, כמו שכתב תו"ח.

66

מקום בינה דנ"ח - לכן גברה הגבורה וקדמו נקודותיה אל נקודת החסד וכו'. **צמח** ר"ל כי כששני נקודות שבא סגול באים יחד תחת אות א' באלהי"ם, או בהוי"ה, אז מקדימים שבא לסגול, כי שני שמות אלו אלהי"ם הוי"ה מורים על אימא.

דאבא שנקוד שלה שב"א, **וְקָדְמָה נְקוּדָתָם אֶל נְקוּדַת הַחֶסֶד** ספירת הַחֶסֶד דאבא, שהנקוד שלו סגו"ל, **שֶׁהוּא זָכָר, לָכֵן הוּא כְּסֵדֶר זֶה** דוקא **שְׁבָ"א סְגוֹ"ל, וְלֹא סְגוֹ"ל וּשְׁבָ"א**.[67]

____

67

דבר זה נעשה בחודש תשרי, כאשר העבודה מראש השנה עד סוף שמחת תורה בפרצוף הזמנים הוא בא"ק ואבי"ע דגבורה, אפילו שבפרצוף הימים חודש תשרי הוא בחינת חסד דז"א מ"ה דמ"ה ומה דב"ן. **תרשים ד – כ"ה.**
שער הכוונות, דרושי ראש השנה, הקדמה, דפ"ט ע"ד - ויראה לי כי בכל ראש השנה חוזר האצילות העליונה לכמות שהיה בתחילת בריאת העולם, וכבר ידוע דנוקבא דז"א נפקא מתדבקא באחורי ז"א, לעומת החזה כנגד תפארת שבו, ובהיותם בסוד אחור שהם דין נפקא מסטרא דגבורה, והמוח הקודם בראש היא גבורה, שנעשה לה בינה. ואח"כ חסד בסוד חכמה, בסוד ה' על י', סוד ה"י מאלהי"ם, ולפי שהמוח הקודם בראשה הוא גבורה סוד הדין, לכן נעשה הדין ביום זה, ולכן נקרא ראש השנה, כי גבורה היא ראש השנה שהיא נוקבא דז"א, הנקראת שנה, וגבורה היא ראשה ונעשה בינה לה, לנוקבא דז"א. ונמצא שראש השנה הוא כנגד בינה דנוקבא דז"א, שהיא גבורה, וכנגדה נאמר אני בינה לי גבורה.
שער הכוונות, דרושי ראש השנה, דרוש א' - ונחזור לענין הראשון, ולהבין הדרוש ההוא הראשון צריכים אנו לבאר ענין מחלוקת ב' תנאים, רבי אליעזר, ורבי יהושע במסכת ראש השנה, וז"ל – תניא רבי אליעזר אומר בתשרי נברא כו', רבי יהושע אומר מנין שבניסן נברא העולם, שנאמר ותוצא הארץ דשא כו', הוי אומר זה ניסן. וקשה שנראה כחולקין במציאות ח"ו, וח"ו דברי מהם אינו אמת, וזה תימא גדולה. אבל האמת הוא כי אלו ואלו דברי אלקים חיים, אלא שזה מדבר בדרוש אחד, וזה מדבר בדרוש אחר. והענין הוא זה דע כי בעת ירידת המוחין ליכנס בז"א, הנה ז"א מתחיל מחצי תפארת דאימא ולמטה, ובתחלה נכנסו אלו המוחין תוך חצי התפארת דאימא התחתון, ומן חצי התפארת התחתון הזה נעשה ממנו כתר דז"א כנודע, והניחו שם הרושם שלהם תמיד כנודע, כי כל דבר שבקדושה אין מסתלק הרושם שלו, ובכל מקום ומקום שהיה שם מניח רשימו, ואח"כ ירדו עוד אלו המוחין ירידה ב' בנה"י דאימא, ושם נתהוו לד' מוחין ברישא דז"א, בחב"ד שלו. ואח"כ מהם נעשה כל ז"א מן מקומת חצי ת"ת דאימא, עד הסוף. והנה בסדר כניסת אלו המוחין בכלי של חצי התחתון דתפארת דאימא להעשות כתר ברישא דז"א, בזה הוא תלוי מחלוקת רבי אליעזר ורבי יהושע. כי רבי אליעזר סבר כי תחילה נכנס מוח חכמה, הנקרא אוירא דכיא, ואח"כ נכנס מוח הבינה, הנקרא אשיא דכיא. ועל דרך זה גם כן בתרין עטרין דדעת, כי תחילה נכנס עטרא דחסד דכורא, ואחר כך נכנס עטרא דגבורה, נוקבא. ונמצא כי התחלת כניסת המוחין היתה בתחלה בחינת הזכר, ואח"כ בחינת הנקבה. ורבי יהושע סבר היפך מכל זה, כי בחינת הנקבה נכנס תחילה. ולהבין זה צריך שנודיעך מהיכן נתפשטו הדינין בזו"ן, והענין הוא כי עיקר תחלת בנינם הוא מן הנצח, והוד, ויסוד של אימא, והנה כל בחינת אימא בעצמה היא דינין, כי ממנה הדינין מתערין, ובה נמצא מקור הדינים, ונוסף על זב היות הנצח והוד שבה שהם עיקרי ושרשי הדינים, ולכן מכאן נתפשטו הדינים בזו"ן. והנה לסברת רבי אליעזר שאמר שבתשרי נברא העולם, והנה תשרי הוא ראש השנה, והוא ראש ז"א דכורא. ונמצא כי הוא התחיל בתחלה לכנס ונשלם שיעור קומתו, ואח"כ נכנס בחינת הנקבה, ונשלם שיעור קומתה גם היא. אלא שהוא על ידי ז"א שקדם אליה בתחילה, וכיון שאין לה שלמות אלא על ידי נמצא כי הוא נותן בה כל הדינין כדי להשלים שיעור קומתה, ונוסף על זה כי גם אח"כ בעת הנסירה כשננסרת מאחוריו, הנה כל הדינים אשר באחורייים דז"א, מבחינת אחורי הכתר שלו, וע"ס קומתו כולם ניתנים בה, ונמצא כי הדינים שבנקבה רבו במאד מאד, כי ניתנו לה ע"י הזכר שקדם אליה, כי הרי בתשרי נברא העולם שהוא ראש השנה, שהוא ראש דז"א הנקרא שנה. ולסברת רבי יהושע כי בניסן נברא העולם, והנה ניסן הוא ראש החדשים שהוא בחינת מלכות, ונמצא כי בחינת הנקבה התחילה להכנס בתחלה בחצי הת"ת התחתון דאימא, ואח"כ בנה"י שבה, והנה בתחילה נשלם שיעור קומתה שלא ע"י ז"א, ואם כן לא קבלה הדינין בה של חלק הזכר, רק הדינין הנוגעים לחלקה בלבד. ואז הדינין דנוקבא נייחין ברישא, ואין בה כל כך דינין, ואח"כ בעת הנסירה אינה לוקחת כל הדינים שמן כתר ע"ס, רק האחורייים אשר כנגד שיעור חצי התחתון דתפארת ונה"י דז"א בלבד.

32

נהר שלום דל"ט ע"ג - הנה בכל יום נברר ונתקן בכל מה שנעשה בו' ימי בראשית, אמנם הוא בבחינת פרצוף אותו יום, כמ"ש בע"ה. וכן הוא מבואר בע"ח, ובספר מבוא שערים, ובדרוש ברכת המפיל, ובכמה מקומות, וזה פשוט וכתב הרב ז"ל בדרושי ראש השנה ובספר הכונת הישן, בדרושי ראש חודש בביאור ענין חסרון ומלוי הלבנה. כי י"ב חדשי השנה הם כנגד י"ב צירופי הוי"ה, וי"ב צירופי אהי"ה, והם ו"ק, שהם ששה מלכים ז"א, וו"ק שהם ששה מלכים דנוקבא, ובששה חדשי החורף נתקנים ו"ק דז"א, והם מ"ה דמ"ה עם מ"ה דב"ן, הנקרא דכורא, בערך ב"ן דמ"ה וב"ן דב"ן. ובששה חדשי הקיץ נתקנים ו"ק נוקבא, והם ב"ן דמ"ה עם ב"ן דב"ן, הנקראת נוקבא בערך מ"ה דמ"ה, ומ"ה דמ"ה)כך מצאתי ונ"ל שצ"ל מ"ה דדב"ן(. וכל חדש כלול מארבעה שבועות, שבהם נתקנים ארבע אותיות הוי"ה דכללות הי"ס דכל קצה, שהם ארבעה פרצופי או"א וזו"ן דאותו הקצה, וכל שבוע כלול משבעה ימים, לתקן השבעה מלכים, דכל אחד מארבעה פרצופים הנזכר בכל קצה, והם כסדרן כי **בחדש תשרי נתקן פרצוף החסד דמ"ה דב"ן על ידי פרצופי חסד דמ"ה דמ"ה** באותה השנה, והוא אופן זה כי בארבעה שבועות שבו, נתקנים ארבעה פרצופי או"א וזו"ן דחסד הנזכר. בשבוע ראשון נתקנים שבעה מלכים דאבא, בשבוע שני שבעה מלכים דאימא דחסד הנזכר, בשבוע השלישי שבעה מלכי ז"א דחסד הנזכר, בשבוע רביעי שבעה מלכים דנוקבא דז"א דחסד הנזכר. וכל שבוע מארבע שבועות דחדש חשון, נתקנים שבעה מלכים דכל אחד מארבעה פרצופי אבא, ואימא, וזעיר ונוקביה דפרצוף הגבורה דמ"ה דב"ן, על ידי שבעה מלכים דכל אחד מארבעה פרצופי או"א וזו"ן דפרצוף הגבורה דמ"ה דמ"ה, וכן עד"ז פרצוף התפארת בחדש כסליו, ופרצוף הנצח בטבת, ופרצוף ההוד בשבט, ופרצוף היסוד באדר.

נהר שלום די"ג ע"א – וכן על דרך זה הוא בירור ותיקון סדר הזמנים, שהם בבחינת פרטי פרצופי ו"ק נה"י וחג"ת דנה"י, שמשם התחילו לשמש המאורות, אמנם הם נפרטים ליובלות, ולשמטות, ולשנים, ולחדשים, ולשבועות, ולימים, ובכל תפלה ובכל מצוה הנעשים באותו יום מתבררים ועולים בירורים חדשים, אשר לא נבררו ולא עלו מיום שנברא העולם עד היום הזה. ואלו הבירורים שנבררו ונתקנו היום, עולים ומלבישים לבירורים שנבררו ונתקנו אתמול, ונעשים חיצוניות להם, והבירורים של אתמול הם בערך פנימיות להם, כי הם לפנים מהם, וקרובים אל המאציל יותר אחת מהם, ואלו הבירורים של אתמול, הם בערך חיצוניות לבירורים שנברר ונתקנו ביום תמול שלשום, ובירורים דתמול שלשום הם פנימיות להם, כי הם לפנים מהם וקרובים אל המאציל מדריגה אחת יותר מהם. וכעד"ז הוא בבירורים המתבררים ונתקנים למחר, שעולים ומלבישים לבירורים שנבררו ונתקנו היום, ונעשים חיצוניות להם, והבירורים של היום הם פנימיות להם כי כבר נתקנו ועלו למדריגה יותר עליונה ממה שהיו בה היום והם לפנים מהם קרובים אל המאציל מדריגה אחת יותר מהם כי הבירורים שנבררו ועלו היום הנה הבירור והתיקון ההוא נקרא בירור ותיקון בערך המדריגה ההוא אבל בערך מדריגה יותר פנימית עליונה עדיין צריכים בירור ותיקון יותר. ולפיכך למחר בעת עלות הבירורים החדשים ותיקונם גם בעת ההיא נבררים ונתקנים הבירורים שנבררו ונתקנו היום בירור ותיקון יותר מעולה ועולים ונכנסים ומלבישים למדרגה יותר עליונה ממה שהיו בה היום למקום שהיו בה הבירורים של אתמול ומתקרבים אל המאציל מדריגה אחת יותר ומזדככים יותר והבירורים של מחר עולים למקום שהיו בה אלו הבירורים וכן עד"ז גם הבירורים של אתמול נבררים בעת ההיא בירור יותר מעולה ועולים ונכנסים למדריגה יותר עליונה ממה שהיו בה ומתקרבים אל המאציל מדריגה אחת יותר ומזדככים יותר. וכן עד"ז נעשה בכל העולמות כי עולים מיום ליום לשבוע, ומשבוע לחדש, ומחדש לשנה, ומשנה לשמטה, ומשמטה ליובל, ומיובל ליובל, עד המאציל העליון, עד שבכל יום נשלמה מדריגה אחת הסמוכה אל המאציל, להתתקן ולהזדכך תיקון וזיכוך שלם, ונדבק במאציל.

דברי יעקב תורת אברהם לרבי יעקב עדס ס"ד ענף י"ב ב' דרצ"ו- והנה פרצוף זה הנקרא פרצוף הזמנים, שהוא הנתקן בחגים, סדר התיקון שלו הוא שהחסד שלו נתקן בפסח, וימי העומר ושבועות. והתפארת בשבועות. **והגבורה בראש השנה ויום הכיפורים וסוכות**. והנצח וההוד בחנוכה ופורים, ואכמ"ל)ואין כאן מקום להאריך(בפרטי ענין זה.

[הגהה] צ֖מזז ר"ל כי כשהשתי נקודות הנ"ל שהם שב"א סגו"ל באים יחד תחת מות מחד, כגון ב**אֱלֹהִֽי"ס** מו בהוי"ה בניקוד אלהי"ם[68], **אז מקדיס** נקוד שב"א לסגו"ל, ונקוד זה נקרא שבא סגול, כי ב' שמות מלו אלהי"ס הוי"ה, מוריס על מימא.

וכן הענין בנקודות של (ז"ת ל"ג) ט' ספירות **תזזתונות דאבא, שהם אותיות של** שמות ה**טעמים שבכתר דאבא** כי המדרגה התחתונה מגלה את העליונה ממנה, לכן כתר דאבא מתגלה בט' ספירות התחתונות שלו, וכתר דאבא הוא טעמים, לכן שמות הטעמים מתגלים בט' ספירות תחתונות דאבא, והם עשויים מנקודות. **המשל בזה, כי** אות ז' **דזרקא** או כל אות אחרת מהטעם זרקא, או מטעמים אחרים, הם בצורת האותיות של שמות הטעמים, רק הם בינים מנקודות **והוא כזה <ציור>**[69]. **וכן**[70] **הענין בטעמים שבכתר דאבא, שהם אותיות בציור עגולים** ולאו דוקא עגולים, אלא כל אחד מסוגי צורות הטעמים, **והם אותיות של בזזינה אזורת** שאין אנו יודעים אותה[71] **שלמעלה ממנו** ר"ל למעלה מפרצוף אבא, שהוא פרצוף א"א, **ודי בזה**[72]. **כמו**[73] **שכתוב בשׁער היזזודים**[74].

68

כל מקום שנכתב שם הוי"ה בניקוד אלוה"ם, שם זה לא נקרא אדנ"י, אלא אלהי"ם.
תרשים ד —כ"ו.

69

70

כרם שלמה ש"ה פ"ד אות י' - וכן הענין בנקודות של ט' תחתונות דאבא, שהם אותיות של טעמים שבכתר דאבא, המשל בזה כי ז' דזרקא הוא כזה, וכו'. ר"ל וכן השאר שמות של הטעמים הן מתגלים בט' תחתונות דאבא בבחינת צורת אותיות מנוקדים, כי כל בחינה תחתונה היא מגלית את העליונה, והוא מה שכתב לעייל בענין התגין, ומשם תבין לכאן, כי הכל ענין אחד, ואין צריך לכפול הדברים. וכן הענין בטעמים שבכתר דאבא שהם אותיות בציור עיגולים, והם אותיות של בחינה אחרת שלמעלה ממנו וכו'. ר"ל של אותיות של א"א, שהם למעלה מהכתר דאבא, וכן תלך עד רום המעלות בבחינת סדר טנת"א, דהיינו מאותיות לתגין, ומתגין לנקודות, ומנקודות לטעמים, ומטעמים לאותיות שלמעלה מהם, ומאותיות לתגין וכו' עד רום המעלות, וזה מה שכתב ודי בזה. אבל אינו ר"ל שיש עוד בחינות אחרות לבד מן הטעמים, והוא למעלה מן כתר דאבא, כי לא יש זולת ד' בחינות אלו שהם טנת"א, ופשוט.

71

בספר הזהר הקדוש, ובכל כתבי הרב ז"ל, מובא רק ד' בחינות שהם טנת"א, ולא עוד. הבחינה שלמעלה מכתר דפרצוף אבא, אשר הוא פרצוף א"א, לא התגלתה על ידי הרב ז"ל. ופשוט הוא שיש בה בחינות רוחניות ונעלמות מעל הטעמים, אשר בעולם שלנו אין להם ביטוי או משל. וכמו שיש בחינות בפרצוף א"א, כך יש בחינות בעתיק, ומעל עתיק מדרגה מעל מדרגה עד רום המעלות.

72

כך מסתיים הדרוש בספר קהלת יעקב.

73

תוספת זאת היא של הרב מאיר פאפרוש ז"ל, או הגהה של אחד מחכמי הקבלה.

הגהות וביאורים)יב(- ונחזור לענין, כי הכתר שלה הם ז' אותיות שב"א סגו"ל בבחינת תגין, לכן הכתר הזה נקרא ת"ג, והחכמה שבה ולמטה הם כל הט' בחינות אותיות ממש, ואמנם החו"ב שבה הם שם אהי"ה במילוי יודי"ן)כי בז"ת שלה הוא שם ס"ד כנודע, והרי נתבאר כי אותיות שב"א סגו"ל הם בכתר דאימא, שהם בחינת ת"ג הנזכר על האותיות אלו דאהי"ה דיודין שבחו"ב שבה וכו'. כך מצאתי כתוב בשער היחודים בתיקון ז"ך הד"ח( ]כאן הלשון מגומגם, ועיין בשער היחודים שם, וז"ל - ובתיבת עץ דתגע"ץ תכוין אל כללות הבינה, ששם הוא אותיות עצמן, ושם הוא אהי"ה דיודי"ן, שהוא בגימטריא עץ. והנה פרטיות שם זה הוא בחו"ב דאימא, כי ז"ת שבה הוא ס"ג, כנודע בשער כ' פרק י'. והרי נתבאר כי כי אותיות שב"א סגו"ל הם בכתר דאימא, שהם ת"ג על חו"ב שבה, ששם הוא אהי"ה דיודי"ן, שהוא בגימטריא עץ, וזהו ת"ג ע"ץ. פירוש ת"ג על ע"ץ, עד כאן לשונו[עד כאן מצאתי כתוב, עד כאן לשון מוהר"ם מטראן.

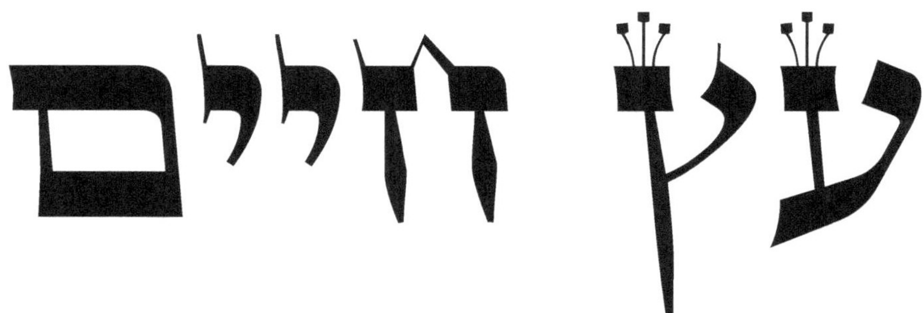

עֵץ חיים

לרבינו חיים ויטאל

שקיבל ממרן האר"י זלה"ה

שער ה'

שער טנת"א

פרק ד'

חלק התרשימים טבלאות וציורים

שמות חיים

הקדמה קצרה

דע כי כל התרשימים הציורים והטבלאות, הם אך ורק לשכך את האוזן, ולשבר את העין. וכל הציורים הם לא שלמים.

כתב הרי"ח הטוב ברב פעלים ח"ב בסוד ישרים ה' - אך דע לך כי סדר התלבשות המחצבים שכתב מהרח"ו בשערי קדושה עד עולם הזה שאנחנו עומדים בו. וכן סדר התלבשות הפרצופים אשר בכל מחצב ומחצב, וסדר התלבשות העולמות זה בזה, והיושר והעיגולים, לא אית אינש דכיל למנלע רזא דנא, איך היא עשוי, איך הוא עומד, ולא אפשר לשכל אנושי לצייר כל הנזכר על אמיתתם, ועל בוריין מפני כי שכל האנושי בהיותו עצור ומונח בגוף גשמיי, אי אפשר לי להשיג דבר רוחני, והוא זה דומה לאדם סומא מן הבטן שלא ראה מאורות מימיו, דודאי אי אפשר לו לצייר מראות השמש והירח הנראין לעיני הבריות, וכל שכן מה שיש למעלה למעלה.

וכן כתב ברב פעלים ח"א בסוד ישרים א' - סוף דבר הכל נשמע, ה' אחד ושמו אחד, ואין לו גוף ולא דמות הגוף, ואין לו שום ציור, ותמונה ודמיון כלל ועיקר, וגם כל העולמות וספירות הקדושים למעלה אין להם ציור ודמיון של גופים האלה כלל, ואין מי שיוכל לידע איך הוא עמידתם וסדרם, ואיך עומדים עולמות היושר ועולמות העיגולים, ואיך מתחברים זה עם זה, ואיך נמשך השפע מזה לזה, ואיך הוא תוארם ומראיהם, ואיך הוא מהות השפע המחיה אותם, ומקיים אותם, וכמה הוא שיעור אורכם וגובהן ורחבם, ואיך הם נכללים זה בזה, ומלבישים זה לזה, כי בכל זאת אין שום שכל אנושי יוכל לדעת, ולהבין, ולהשיג, כלל ועיקר.

הרב ז"ל כתב בשער אח"פ תחילת פ"א וז"ל - כבר ידעת כי אין בנו כח לעסוק קודם אצילות עשר ספירות, ולא לדמות שום דמיון וצורה כלל ח"ו, אך לשכך האזן, אנו צריכים לדבר דרך משל ודמיון, לכן אף אם נדבר במציאות ציור שם למעלה, אין הדבר רק לשכך האזן. אמנם דע כי עשר ספירות דאצילות הם שתי עניינים. האחד הוא התפשטות הרוחניות, והשני הוא כלים ואברים אשר העצמות מתפשט בהם. והנה צריך שיהיה לכל זה שורש למעלה לשתי בחינות אלו, ולכן צריכין אנו לדבר בסדר המדרגות מראש עד סוף, והנה נתחיל ונאמר כי הלא הא"ס ב"ה אין בו שום ציור כלל ח"ו כמבואר.

הרב ז"ל כתב בשער טנת"א פ"א - והנה אף על פי שאנו מכנים וקוראים כאן כנויים אלו כגון אדם ראש אזנים וכיוצא אינו רק לשכך האזן לשיובנו הדברים לכן אנו מכנים כנויים אלו במקום גבוה, עד כאן לשונו.

וכן הרמ"ק בפרדס רימונים ש"ו פ"א - וציירו להם המקובלים צורות ביריעות גדולות וקראום אילן. הרב ז"ל כתב בסוף ש"ה פ"ד וז"ל - ואמנם דבר גלוי הוא כי אין למעלה גוף ולא כח גוף חלילה. וכל הדמיונות והציורים אלו לא מפני שהם כך חס ושלום. אמנם לשכך את האוזן לכשיוכל האדם להבין הדברים העליונים הרוחניים בלתי נתפסים ונרשמים בשכל האנושי, לכן ניתן רשות לדבר בבחינת ציורים ודמיונים, כאשר הוא פשוט בכל ספרי הזוהר. וגם בפסוקי התורה עצמה כולם כאחד עונים ואומרים בדבר הזה כמו שאמר הכתוב עיני ה' המה משוטטים בכל הארץ. עיני ה' אל צדיקים. וישמע ה'. וירח ה'. וידבר ה'. וכאלה רבות וגדולה מכולם מה שאמר הכתוב ויברא אלהים את האדם בצלמו בצלם אלהים ברא אותו זכר ונקבה וגו'. ואם התורה עצמה דברה כך גם אנחנו נוכל לדבר כלשון הזה, עם היות שפשוט הוא שאין שם למעלה אלא אורות דקים, בתכלית הרוחניות, בלתי נתפשים שם כלל, וכמו שאמר הכתוב כי לא ראיתם כל תמונה, וכאלה רבות.

ואמנם יש עוד דרך אחרת כדי להמשיך ולצייר בה הדברים העליונים, והם בחינת כתיבת צורת אותיות, כי כל אות ואות מורה על אור פרטי עליון, וגם תמונת זו דבר פשוט הוא כי אין למעלה לא אות, ולא נקודה, וגם זה דרך משל וציור לשכך את האוזן כנזכר. ולכן נבאר עתה הקדמה הנזכר על דרך ציור האותיות גם כן ובבחינת ציורים אלו, הן ציור האדם, והן ציור אותיות, שתיהן מוכרחים להבין ענין האורות העליונים, כאשר תראה ספרי הזוהר בנויים על שתי בחינות הציורים האלה, עד כאן לא.

ולכן גם אנחנו הרשינו לעצמינו לצייר ציורים, תרשימים וטבלאות, אך ורק כדי לשכך את האוזן, ולשבר את העין, כדי להבין את הסוגייה.

אח"י

תרשימים שער ה׳ פרק ד׳

סדר שמות שמות ההיכלות והשערים בעץ חיים

שם היכל	שער	שם השער	א	ב	ג	ד	ה	ו	ז	ח	ט	י	יא	יב	יג	יד	טו
אדם קדמון	א	עיגולים ויושר	א	ב	ג	ד	ה										
	ב	השתלשלות י"ס דרך עגו'	א	ב	ג												
	ג	סדר אצילות למהרח"ו	א	ב	ג												
	ד	אה"פ	א	ב	ג	ד	ה										
	ה	טנת"א	א	ב	ג	ד	ה	ו	ז								
	ו	עקודים	א	ב	ג	ד	ה	ו	ז	ח							
	ז	מטי ולא מטי	א	ב	ג	ד	ה										
נקודים	ח	דרושי נקודות	א	ב	ג	ד	ה	ו									
	ט	שבירת הכלים	א	ב	ג	ד	ה	ו	ז	ח							
	י	תיקון	א	ב	ג	ד	ה										
	יא	מלכים	א	ב	ג	ד	ה	ו	ז	ח	ט	י					
הכתרים	יב	עתיק	א	ב	ג	ד	ה										
	יג	א"א	א	ב	ג	ד	ה	ו	ז	ח	ט	י	יא	יב	יג	יד	
או"א	יד	או"א	א	ב	ג	ד	ה	ו	ז	ח	ט	י					
	טו	זווגים	א	ב	ג	ד	ה	ו									
	טז	הולדת או"א וזו"ן	א	ב	ג	ד	ה	ו	ז								
ז"א	יז	ז"א	א	ב	ג	ד											
	יח	רפ"ח נצוצין	א	ב	ג	ד	ה	ו									
	יט	אנ"ך	א	ב	ג	ד	ה	ו	ז	ח	ט	י					
	כ	המוחין	א	ב	ג	ד	ה	ו	ז	ח	ט	י	יא	יב			
	כא	לידת המוחין	א	ב	ג												
	כב	מוחין דקטנות	א	ב	ג												
	כג	מוחין דצלם	א	ב	ג	ד	ה	ו	ז	ח							
	כד	פרקי הצלם	א	ב	ג	ד	ה	ו	ז								
	כה	דרושי הצלם	א	ב	ג	ד	ה	ו	ז	ח							
	כו	צלם	א	ב	ג	ד											
	כז	פרטי עי"מ	א	ב	ג	ד											
	כח	עיבורים	א	ב	ג	ד	ה										
	כט	נסירה	א	ב	ג	ד	ה	ו	ז	ח	ט						
	ל	פרצופים	א	ב	ג	ד	ה	ו	ז								
	לא	פרצופי זו"ן	א	ב	ג	ד	ה										
	לב	הארת המוחין	א	ב	ג	ד	ה	ו	ז	ח	ט						
	לג	אונאה	א	ב	ג	ד	ה										
נוק' דז"א	לד	תיקון הנוקבא	א	ב	ג	ד	ה	ו	ז								
	לה	הירח	א	ב	ג	ד	ה										
	לו	מעוט הירח	א	ב	ג	ד											
	לז	יעקב ולאה	א	ב	ג	ד	ה										
	לח	לאה ורחל	א	ב	ג	ד	ה	ו	ז	ח	ט						
	לט	מ"ן ומ"ד	א	ב	ג	ד	ה	ו	ז	ח	ט	י	יא	יב	יג	יד	טו
	מ	פנימיות וחצוניות	א	ב	ג	ד	ה	ו	ז	ח	ט	י	יא	יב	יג	יד	טו
	מא	חשמל	א	ב	ג												
אבי"ע	מב-א	דרושי אבי"ע	א	ב	ג	ד	ה	ו	ז	ח	ט	י	יא	יב			
	מב-ב	כללות אבי"ע	א	ב	ג	ד											
	מג	ציור עולמות אבי"ע	א	ב	ג	ד											
	מד	שמות	א	ב	ג	ד	ה	ו	ז								
	מה	מקיפין	א	ב	ג	ד											
	מו	כסא הכבוד	א	ב	ג	ד	ה	ו									
	מז	סדר אבי"ע	א	ב	ג	ד	ה	ו									
	מח	קליפות	א	ב	ג	ד											
	מט	קליפת נוגה	א	ב	ג	ד	ה	ו	ז	ח	ט						
	נ	קיצור אבי"ע	א	ב	ג	ד	ה	ו	ז	ח	ט	י					

טבלת ערכים

עולמות	אדם קדמון	אצילות	בריאה	יצירה	עשיה
פרצופים	ע"י וא"א	אבא	אמא	ז"א	נוקבא
ספירות	כתר	חכמה	בינה	חג"ת נה"י	מלכות
הוי"ה	קוץ של י'	י	ה	ו	ה
אורות	יחידה	חיה	נשמה	רוח	נפש
מילוי	שורש הוי"ה	ע"ב - יוד הי ויו הי	ס"ג - יוד הי ואו הי	מ"ה - יוד הא ואו הא	ב"ן - יוד הה וו הה
טנת"א	שורשים	טעמים	נקודות	תגין	אותיות
נקודות	קמץ	פתח	צרי	סגול, שוה, חולם חיריק, קבוץ, שורוק	אין ניקוד
אדם	גולגלתא	מוח ימין	מוח שמאל	גוף וברית	עטרת היסוד
מל"ץ	מ - מקיף, יחידה	ל - מקיף, חיה	מוח	לב	כבד
שנגל"ה	שורש	נשמה	גוף	לבוש	היכל
י"ב פרצופים	עו"נ ואו"ן	או"א עלאין	ישסו"ת	זו"ן	יעו"ר
כל צמא	אורות	מוחין	צלמים	לבושים	כלים
אברים	מוח	עצמות	גידין	בשר	עור
חושים	מוח	ראיה	שמיעה	ריח	דיבור
מחצבים	א"ס	ספירות	נשמות	מלאכים	חושך
צלם	מ' מקיף ב'	ל' מקיף א'	צ' מוח	צ' לב	צ' כבד
דחצ"מ	אלוקות	מדבר	חי	צומח	דומם
יסודות	יולי	מים	אש	רוח	עפר
רקיעים	ערבות	ערבות	ערבות	מכון, מעון, זבול שחקים, רקיע	וילון
גלגלים	גלגל השכל	גלגל היומי	מזלות	ככבים	לבנה
היכלות	קודש קודשים	קודש קודשים	קודש קודשים	אהבה, זכות, רצון, עצם השמים, לבנת הספיר	לבנת הספיר
מילוי הוי"ה		מו - וד ייי	לז - וד יאו י	יט - וד אא או	כו - וד ה ו ה
אהי"ה		קס"א - אלף הי יוד הי	קס"א - אלף הי יוד הי	קמ"ג - אלף הא יוד הא	קנ"א - אלף הה יוד הה

מ"ה

מלכות	יסוד	הוד	נצח	תפארת	גבורה	חסד	בינה	חכמה	כתר
כתר	כתר	כתר	כתר	כתר	כתר	כתר	כתר	כתר	כתר
חכמה	חכמה	חכמה	חכמה	חכמה	חכמה	חכמה	חכמה	חכמה	חכמה
בינה	בינה	בינה	בינה	בינה	בינה	בינה	בינה	בינה	בינה
חסד	חסד	חסד	חסד	חסד	חסד	חסד	חסד	חסד	חסד
גבורה	גבורה	גבורה	גבורה	גבורה	גבורה	גבורה	גבורה	גבורה	גבורה
תפארת	תפארת	תפארת	תפארת	תפארת	תפארת	תפארת	תפארת	תפארת	תפארת
נצח	נצח	נצח	נצח	נצח	נצח	נצח	נצח	נצח	נצח
הוד	הוד	הוד	הוד	הוד	הוד	הוד	הוד	הוד	הוד
יסוד	יסוד	יסוד	יסוד	יסוד	יסוד	יסוד	יסוד	יסוד	יסוד
מלכות	מלכות	מלכות	מלכות	מלכות	מלכות	מלכות	מלכות	מלכות	מלכות

ב"ן

מלכות	יסוד	הוד	נצח	תפארת	גבורה	חסד	בינה	חכמה	כתר
כתר	כתר	כתר	כתר	כתר	כתר	כתר	כתר	כתר	כתר
חכמה	חכמה	חכמה	חכמה	חכמה	חכמה	חכמה	חכמה	חכמה	חכמה
בינה	בינה	בינה	בינה	בינה	בינה	בינה	בינה	בינה	בינה
חסד	חסד	חסד	חסד	חסד	חסד	חסד	חסד	חסד	חסד
גבורה	גבורה	גבורה	גבורה	גבורה	גבורה	גבורה	גבורה	גבורה	גבורה
תפארת	תפארת	תפארת	תפארת	תפארת	תפארת	תפארת	תפארת	תפארת	תפארת
נצח	נצח	נצח	נצח	נצח	נצח	נצח	נצח	נצח	נצח
הוד	הוד	הוד	הוד	הוד	הוד	הוד	הוד	הוד	הוד
יסוד	יסוד	יסוד	יסוד	יסוד	יסוד	יסוד	יסוד	יסוד	יסוד
מלכות	מלכות	מלכות	מלכות	מלכות	מלכות	מלכות	מלכות	מלכות	מלכות

ב"ן		מ"ה
ה"ר דכתר דב"ן, ג"ר דחכמה, וד"א דבינה, וז' כתרים דז' תחתונות	**עתיק**	י' ספירות דכתר דמ"ה
ה"ת דכתר דב"ן	**אריך**	י' ספירות דחכמה דמ"ה
ז"ת דחכמה דב"ן	**חכמה**	ה"ר דבינה דמ"ה
ו"ת דבינה דמ"ה	**בינה**	ה"ת דבינה דמ"ה
כללות ט"ס תחתונות דו"ק דב"ן	**ז"א**	כללות ו"ק דמ"ה
ט' ספירות תיתונות דמלכות דב"ן	**מלכות**	י' ספירות דמלכות דמ"ה

חלוקת מ"ה וב"ן דפרצופי האצילות

מ"ה

מלכות	יסוד	הוד	נצח	תפארת	גבורה	חסד	בינה	חכמה	כתר
כתר	כתר	כתר	כתר	כתר	כתר	כתר	כתר	כתר	כתר
חכמה	חכמה	חכמה	חכמה	חכמה	חכמה	חכמה	חכמה	חכמה	חכמה
בינה	בינה	בינה	בינה	בינה	בינה	בינה	בינה	בינה	בינה
חסד	חסד	חסד	חסד	חסד	חסד	חסד	חסד	חסד	חסד
גבורה	גבורה	גבורה	גבורה	גבורה	גבורה	גבורה	גבורה	גבורה	גבורה
תפארת	תפארת	תפארת	תפארת	תפארת	תפארת	תפארת	תפארת	תפארת	תפארת
נצח	נצח	נצח	נצח	נצח	נצח	נצח	נצח	נצח	נצח
הוד	הוד	הוד	הוד	הוד	הוד	הוד	הוד	הוד	הוד
יסוד	יסוד	יסוד	יסוד	יסוד	יסוד	יסוד	יסוד	יסוד	יסוד
מלכות	מלכות	מלכות	מלכות	מלכות	מלכות	מלכות	מלכות	מלכות	מלכות

ב"ן

מלכות	יסוד	הוד	נצח	תפארת	גבורה	חסד	בינה	חכמה	כתר
כתר	כתר	כתר	כתר	כתר	כתר	כתר	כתר	כתר	כתר
חכמה	חכמה	חכמה	חכמה	חכמה	חכמה	חכמה	חכמה	חכמה	חכמה
בינה	בינה	בינה	בינה	בינה	בינה	בינה	בינה	בינה	בינה
חסד	חסד	חסד	חסד	חסד	חסד	חסד	חסד	חסד	חסד
גבורה	גבורה	גבורה	גבורה	גבורה	גבורה	גבורה	גבורה	גבורה	גבורה
תפארת	תפארת	תפארת	תפארת	תפארת	תפארת	תפארת	תפארת	תפארת	תפארת
נצח	נצח	נצח	נצח	נצח	נצח	נצח	נצח	נצח	נצח
הוד	הוד	הוד	הוד	הוד	הוד	הוד	הוד	הוד	הוד
יסוד	יסוד	יסוד	יסוד	יסוד	יסוד	יסוד	יסוד	יסוד	יסוד
מלכות	מלכות	מלכות	מלכות	מלכות	מלכות	מלכות	מלכות	מלכות	מלכות

ב"ן		מ"ה
ה"ר דכתר דב"ן, ג"ר דחכמה, וד"ר דבינה, וז' כתרים דז' תחתונות	**עתיק**	י' ספירות דכתר דמ"ה
ה"ת דכתר דב"ן	**אריך**	י' ספירות דחכמה דמ"ה
ו"ק דחכמה דב"ן	**חכמה**	כתר חכמה דבינה דמ"ה
ה"ק דבינה דמ"ה	**בינה**	בינה דבינה דמ"ה
מלכות דחכמה דב"ן	**יש"ס**	ו"ק דבינה דמ"ה
מלכות דבינה דב"ן	**תבונה**	מלכות דבינה דמ"ה
כללות ט"ס תחתונות דו"ק דב"ן	**ז"א**	כללות ו"ק דמ"ה
ט' ספירות תחתונות דמלכות דב"ן	**נוקבא**	י' ספירות דמלכות דמ"ה

חלוקת מ"ה וב"ן דפרצופי האצילות

ומו מזדווגים פנימיות ע"כ וס"ג דמ"ק

ע"כ דע"כ   ע"כ דס"ג

יוד' ה"י ויו ה"י   יוד' ה"י ואו ה"י

זיווג פנימיות

איההיוהה

ומולישים י"ס דמ"ה ממלא דל"ק, ותשלום י"ס דב"ן מעינים דל"ק השייכים לאותם הצילורים שעלו, ונמשכים בבחי' צלם דמוחין דגדלות עם הגרונח"י דנח"י שבתוכם, שהם י"ג הויו"ת ואהי"ה בניקוד הידוע, עם אור הטעמים, עם אור ח"ם המלובש בכתר דעתיק דא"ק,

לעתיק דאצילות,

ולוקח המובחר שבהם (שהם כתר דמ"ה, וה"ר דכתר דב"ן,
וג"ר דחכמה דב"ן, וד"ר דבינה דב"ן, וח' כתרים דו"ם דב"ן).

ולזווג המ"ה וכ"ן דעתיק

איההיוהה

וימשיך שאר המוחין למ"ה וכ"ן דל"א, ולהשאיר שם המובחר

(שהם חכמה דמ"ה, וה' אחרונות דכתר דב"ן).

ויזווג א"א ונוק'

איההיוהה

וימשיך השאר לא"ו"א וישאיר שם המובחר שבהם

(שהם כתר וחכמה דבינה דמ"ה, וו"ק דחכמה דב"ן לאבא עילאה.
ובינה דבינה דמ"ה, וה"ק דבינה דב"ן לאימא עילאה.)

ויזווג או"א עילאין

איההיוהה

וימשיך השאר לישסו"ת וישאיר שם המובחר שבהם

(שהם ו"ק דבינה דמ"ה, ומלכות דחכמה דב"ן ליש"ס.
ומלכות דבינה דמ"ה, ומלכות דבינה דב"ן לתבונה.)

ויזווג ישסו"ת

איההיוהה

ושארים המוחין   שהם ז"ק דמ"ה, וח"ק דב"ן חוץ מהכתרים דב"ן   **כתיבת אשר**

חלוקת מ"ה וב"ן לישסו"ת

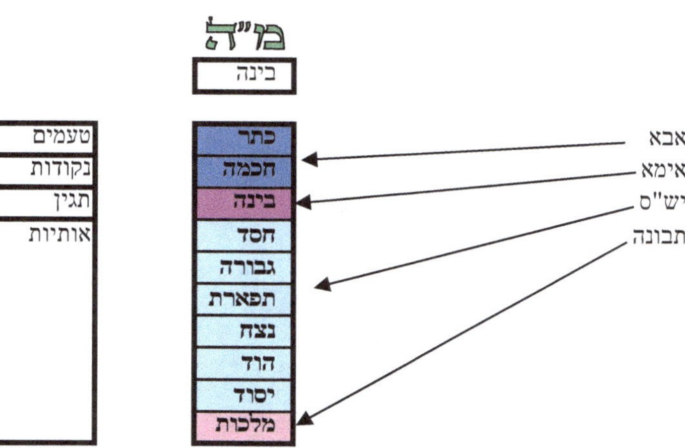

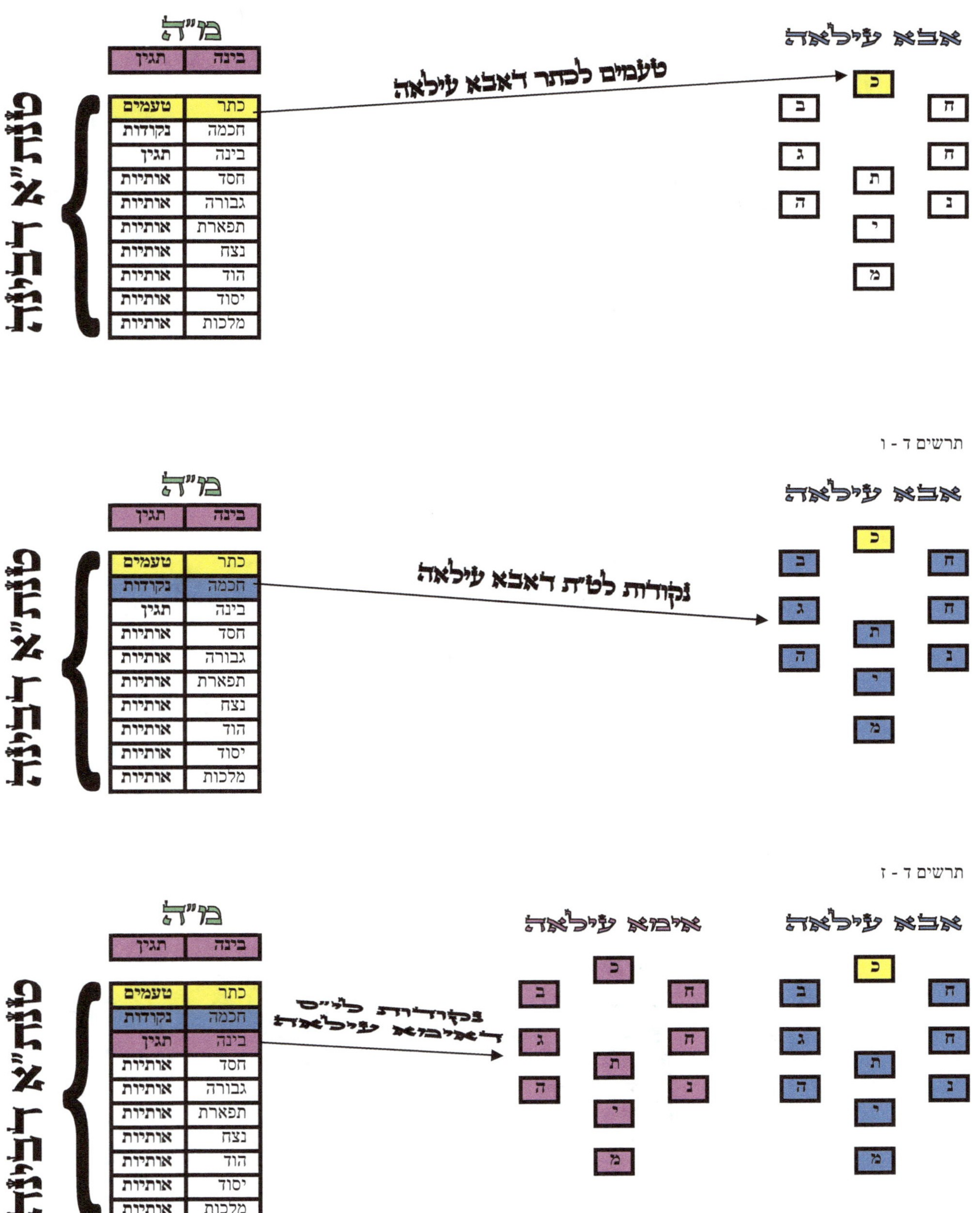
תרשים ד - ה
מ"ה
תגין | בינה
כתר | טעמים
חכמה | נקודות
בינה | תגין
חסד | אותיות
גבורה | אותיות
תפארת | אותיות
נצח | אותיות
הוד | אותיות
יסוד | אותיות
מלכות | אותיות
פרצ"א דעתיק
טעמים לכתר דאבא עילאה
אבא עילאה
כ
ב
ג
ה
ח
ח
ת
נ
י
מ

תרשים ד - ו
מ"ה
תגין | בינה
כתר | טעמים
חכמה | נקודות
בינה | תגין
חסד | אותיות
גבורה | אותיות
תפארת | אותיות
נצח | אותיות
הוד | אותיות
יסוד | אותיות
מלכות | אותיות
פרצ"א דעתיק
נקודות לט"ת דאבא עילאה
אבא עילאה
כ
ב
ג
ה
ח
ח
ת
נ
י
מ

תרשים ד - ז
מ"ה
תגין | בינה
כתר | טעמים
חכמה | נקודות
בינה | תגין
חסד | אותיות
גבורה | אותיות
תפארת | אותיות
נצח | אותיות
הוד | אותיות
יסוד | אותיות
מלכות | אותיות
פרצ"א דעתיק
נקודות לכ"ס דאימא עילאה
אימא עילאה
כ
ב
ג
ה
ח
ח
ת
נ
י
מ
אבא עילאה
כ
ב
ג
ה
ח
ח
ת
נ
י
מ

תרשימים שער ה' פרק ד'

תרשים ד - ח

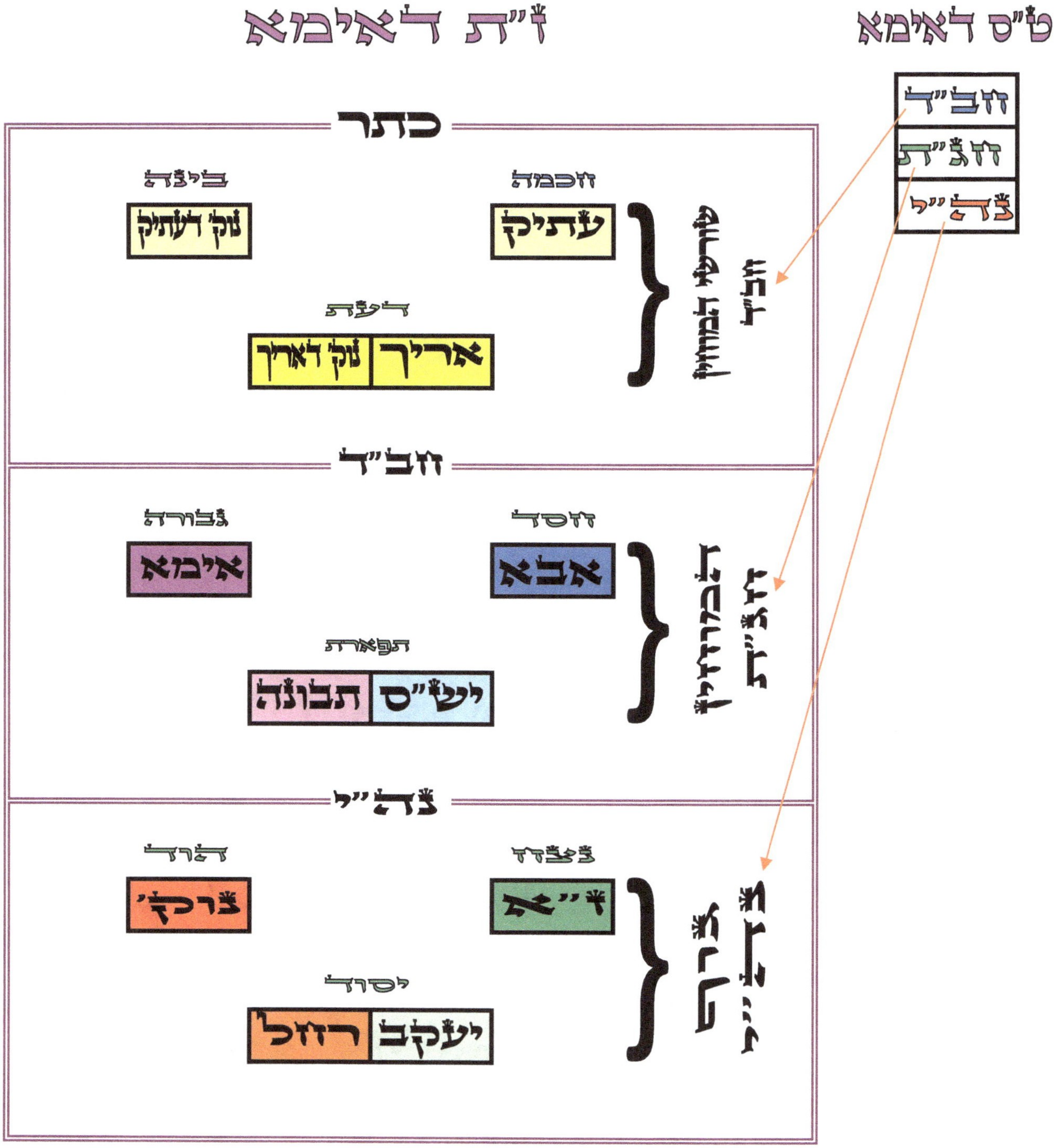

ט"ס דאימא
חב"ד
חג"ת
נה"י
ז"ת דאימא
כתר
חכמה
עתיק
בינה
נוק' דעתיק
דעת
אריך
נוק' דאריך
שורשי המוחין
חב"ד
חב"ד
חסד
אבא
גבורה
אימא
תפארת
ישס"ס
תבונה
חג"ת
נה"י
נצח
ז"א
הוד
נוק'
יסוד
יעקב
רחל
נה"י

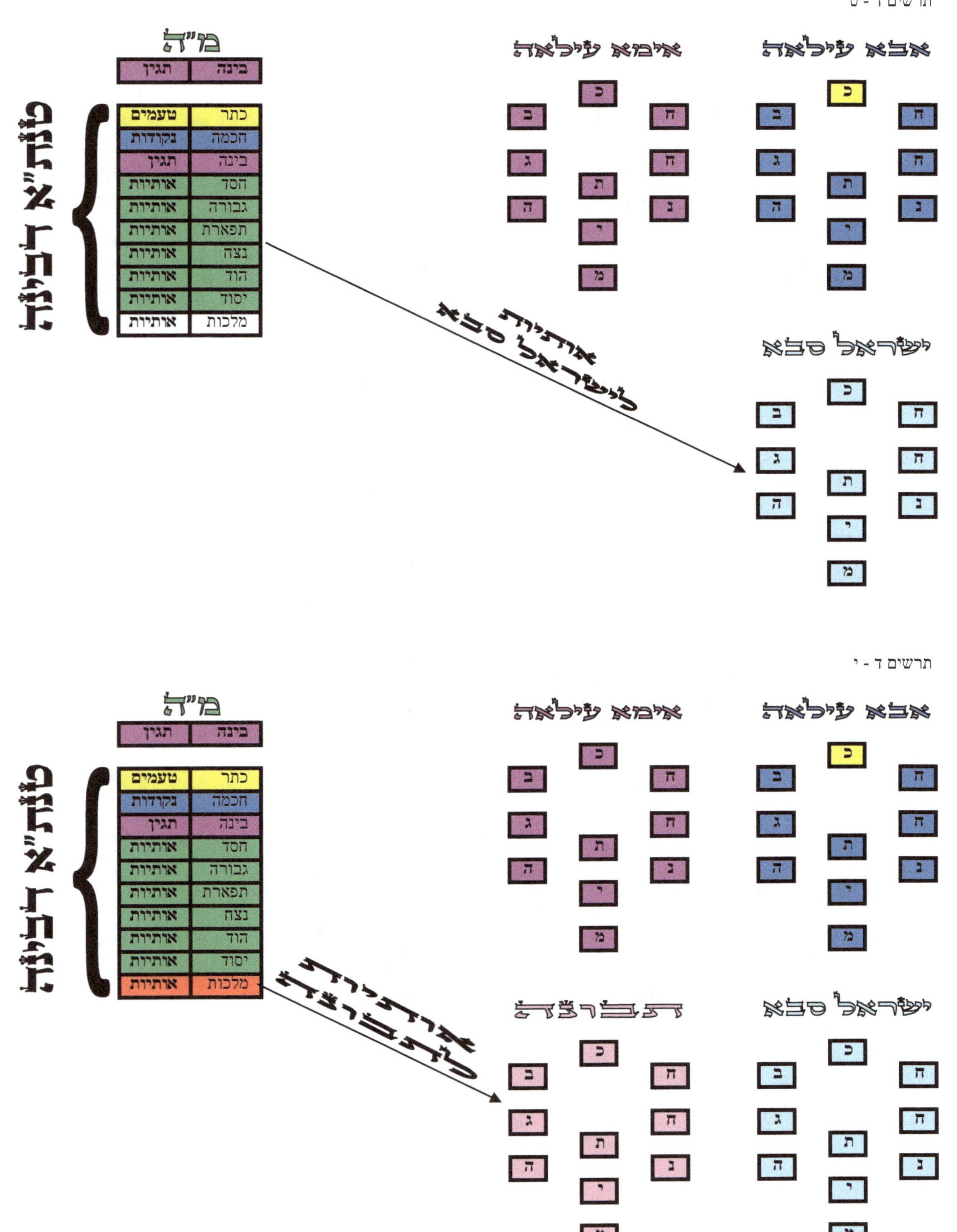
תרשים ד - ט
אבא עילאה
אימא עילאה
מ"ה
בינה תגין
כתר טעמים
חכמה נקודות
בינה תגין
חסד אותיות
גבורה אותיות
תפארת אותיות
נצח אותיות
הוד אותיות
יסוד אותיות
מלכות אותיות
אותיות לישראל סבא
ישראל סבא
כ ב ג ה ח ח ת נ י מ
כ ב ג ה ח ח ת נ י מ
כ ב ג ה ח ח ת נ
תרשים ד - י
אבא עילאה
אימא עילאה
מ"ה
בינה תגין
כתר טעמים
חכמה נקודות
בינה תגין
חסד אותיות
גבורה אותיות
תפארת אותיות
נצח אותיות
הוד אותיות
יסוד אותיות
מלכות אותיות
אותיות לישראל סבא
ישראל סבא
תבונה
כ ב ג ה ח ח ת נ י מ
כ ב ג ה ח ח ת נ י מ
כ ב ג ה ח ח ת נ י מ
כ ב ג ה ח ח ת נ י מ

תרשים ד - י"א

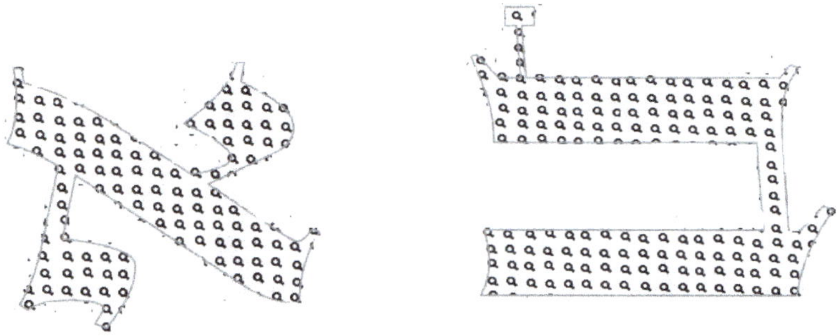

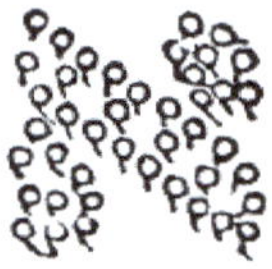

ציור מעץ חיים

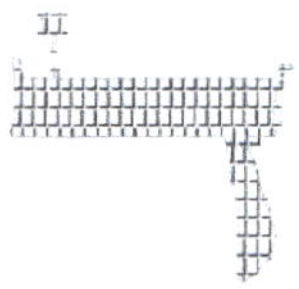

תרשים ד - י"ב

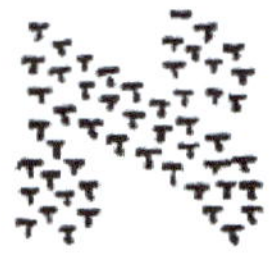

ציור מעץ חיים

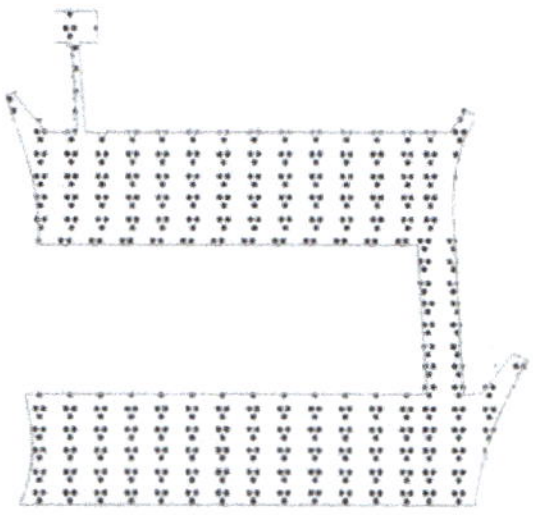

תרשים ד - י"ג

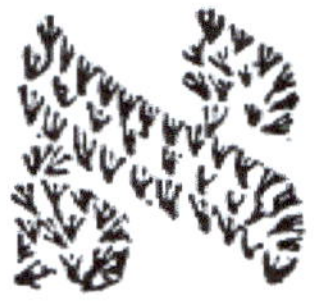

ציור מעץ חיים

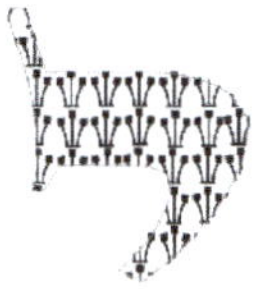

תרשים ד - י"ד

הוי"ה דעינין

תפילת שחרית ומוסף דש"ק

הוה. יוד יוד יוד, הה הא הי, וו ואו ואו, הה הא הי.

אאא ללל איש, דהד, גוי, יה. ליחד את ה׳. כסא אברהם. עבד א׳.

הקם   הרי   מבה

אֱלֹהֵיכֶם וּלְעָבְדוֹ   יהוה אדני יאהדונהי

ויכוין בע"ב עיינין דג' הויות שנתפרסה זו להאיר
עיני לאה הרכות והתגין הס הגביינין

לוו   כלי   לאו

בְּכָל-לְבַבְכֶם וּבְכָל-

נצח דגבורה דב"ן דמ"ה וב"ן דז"ן
הוד דגבורה דב"ן דמ"ה וב"ן דז"ן
יסוד דגבורה דב"ן דמ"ה וב"ן דז"ן
מלכות דגבורה דב"ן דמ"ה וב"ן דז"ן

ייי   נלך   פהל

נַפְשְׁכֶם: וְנָתַתִּי מְטַר-

כתר דת"ת דמ"ה וב"ן דמ"ה וב"ן דז"ן
חכמה דת"ת דמ"ה וב"ן דמ"ה וב"ן דז"ן

הוא המ"ד היורד מלמעלה, ועולים כנגדו המ"ן מן
בירורי המלכים, והס הניצוות שבעמקי הקליפות,

תרשימים שער ה' פרק ד'

תרשים ד - ט"ו

תרשים ד - ט"ז

אימא עילאה	טנת"א דתנ"ך
כתר	טעמים
חכמה	נקודות
בינה	תגין
ז"ת	אותיות

תרשים ד - י"ז

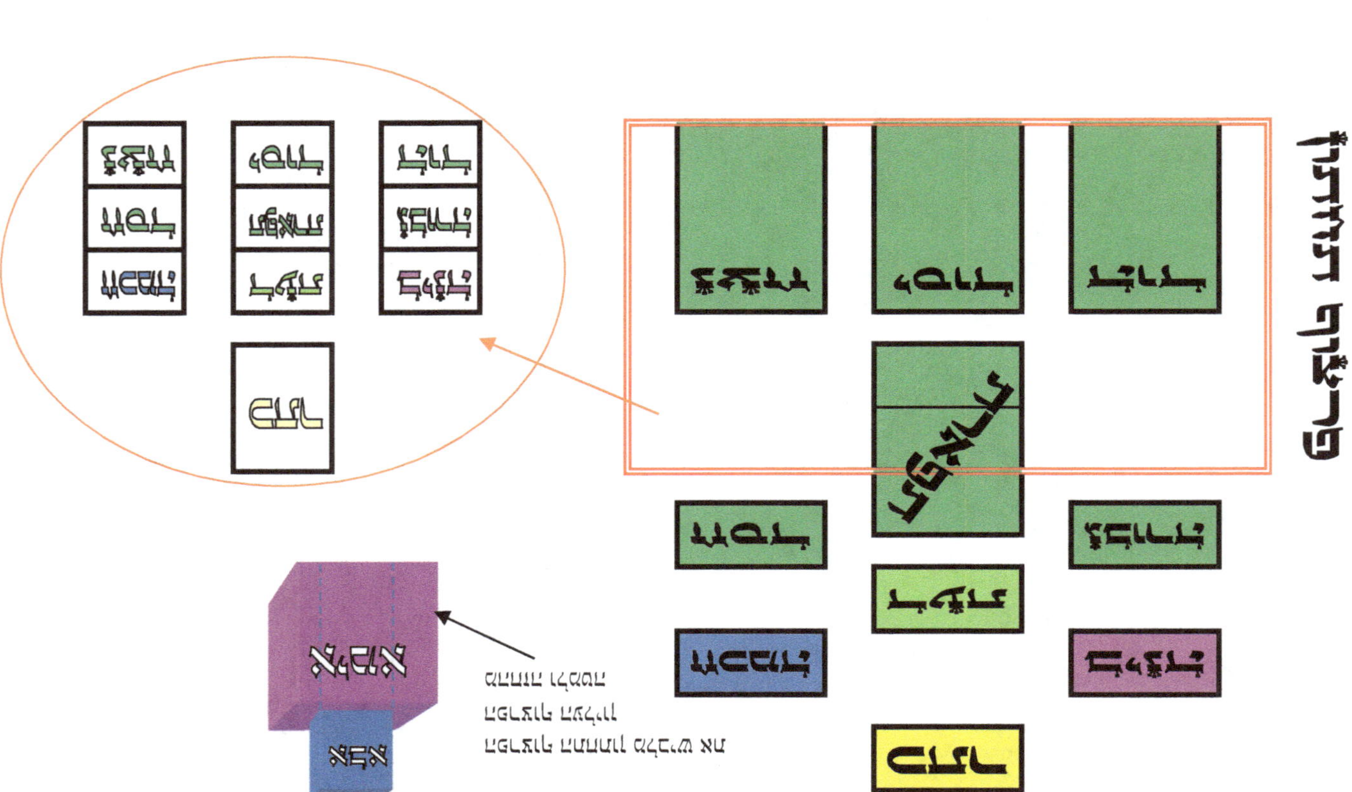

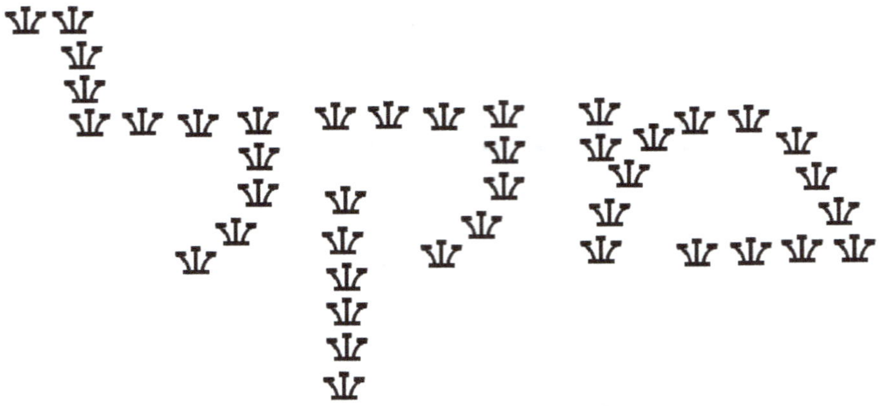

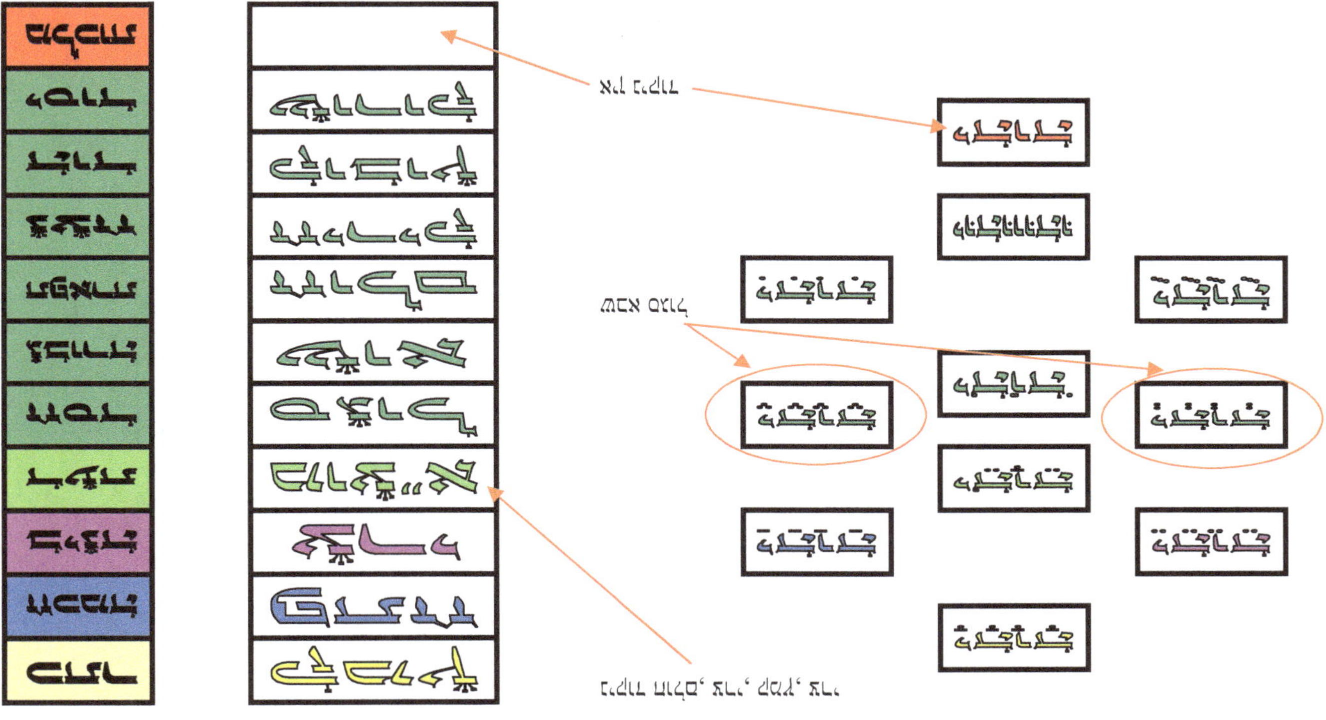

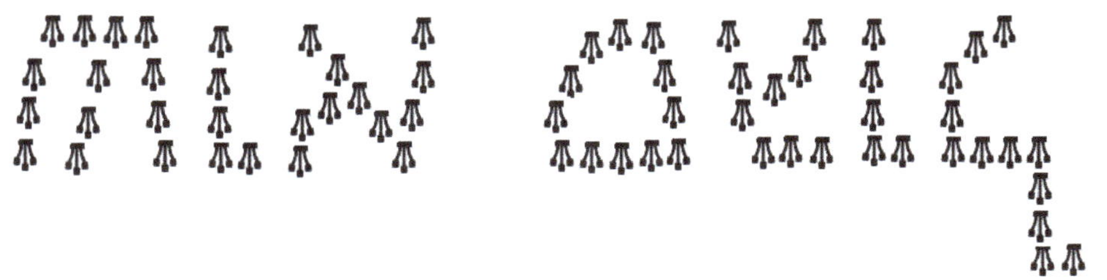

תרשים ד - כ"א

אימא

כתר
שא שמאל

חכמה
בינה
דעת
חסד
גבורה
תפארת
נצח
יסוד
הוד

תרשים ד - כ"ב

ת"ג

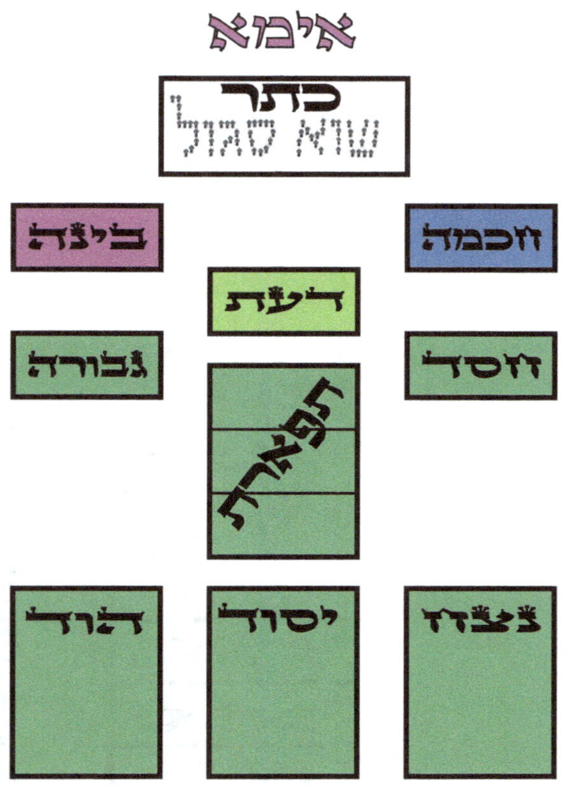

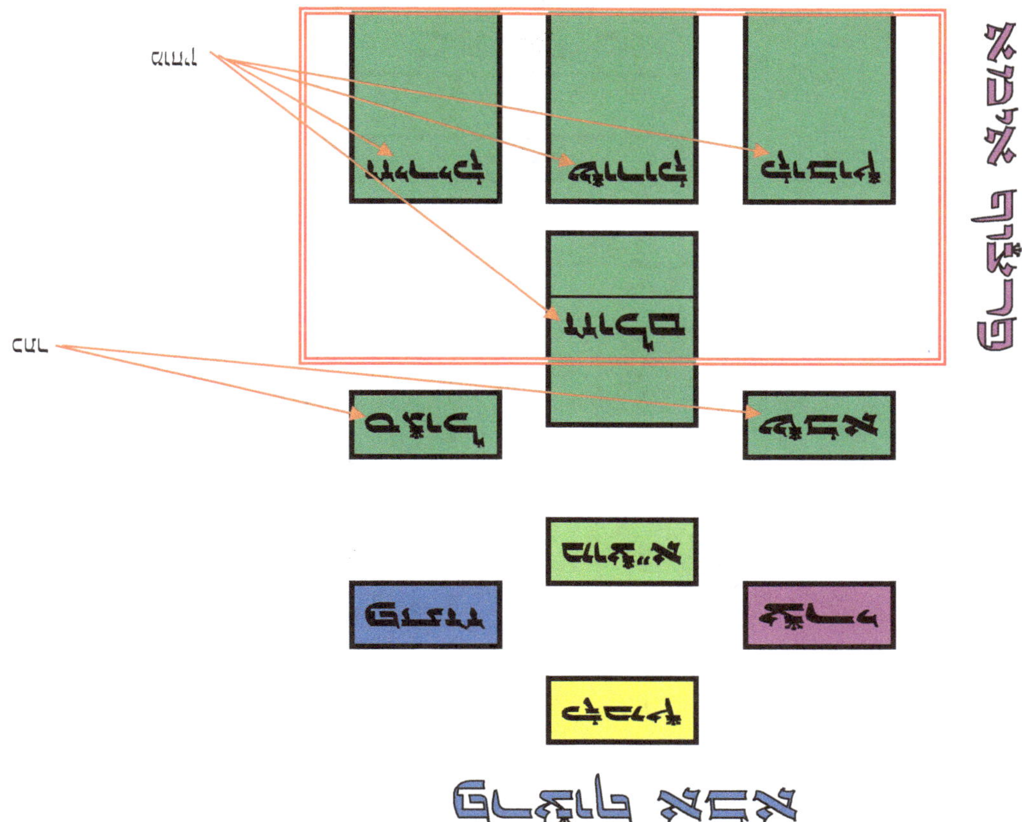

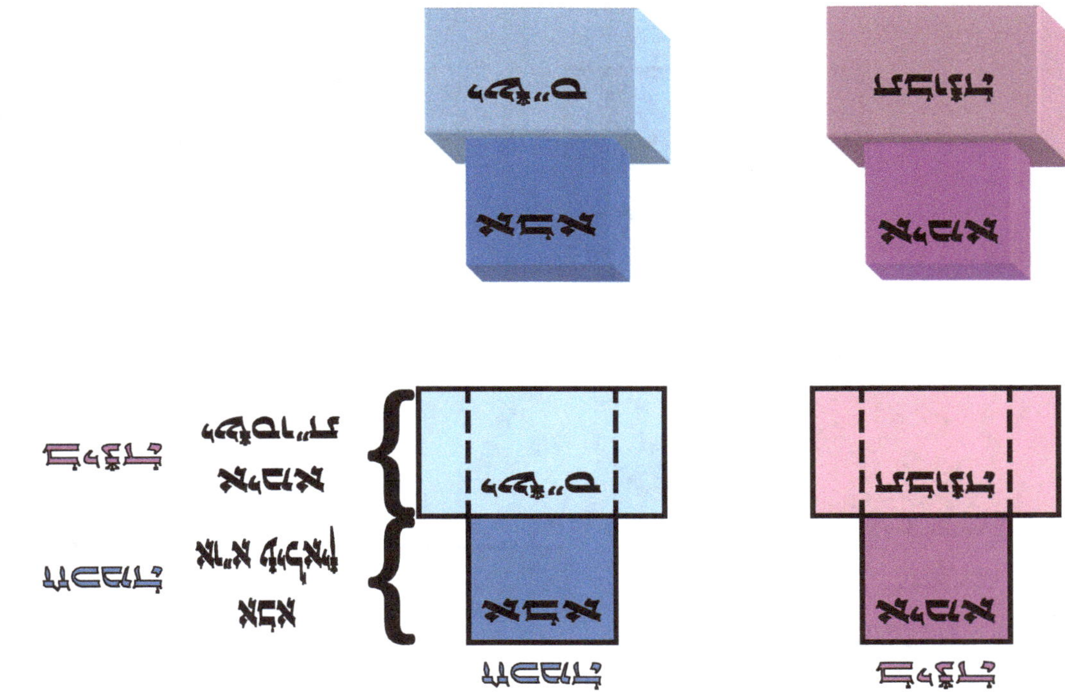

תרשים ד - כ"ה

פרצוף הזמנים
א"ק ואבי"ע
דחג"ת נה"י דנה"י

לעתיד לבוא

כתר

בינה

חכמה

מדאורייתא

ימים נוראים
תשרי
א"ק ואבי"ע
דגבורה

פסח
ניסן
א"ק ואבי"ע
דחסד

שבועות
סיון
א"ק ואבי"ע
דתפארת

מדרבנן

חנוכה
כסלו
א"ק ואבי"ע
דהוד

פורים
אדר
א"ק ואבי"ע
דנצח

לא מוזכר בכתבי האר"י

ט"ו בשבט
יסוד

ט"ו באב
מלכות

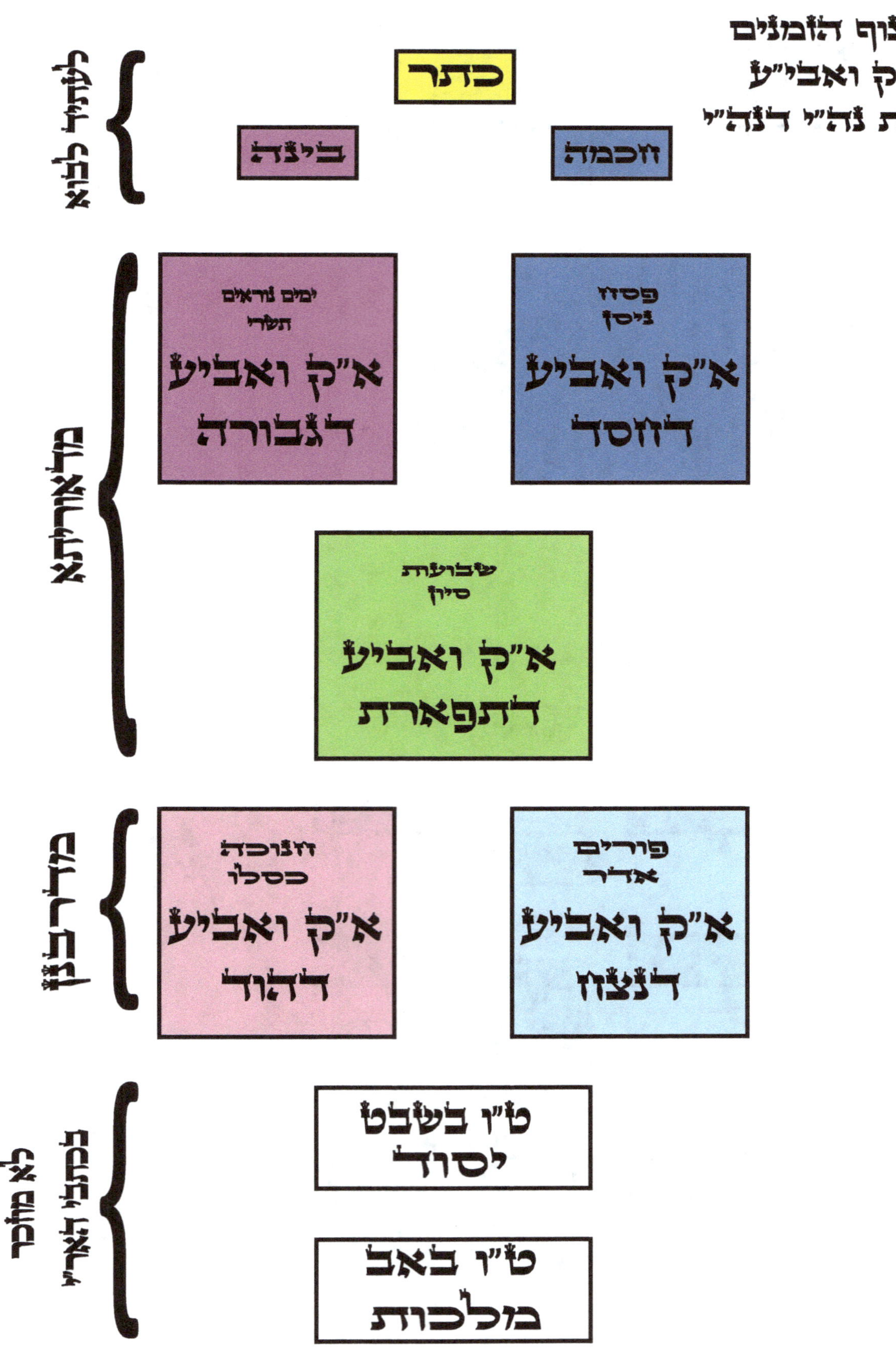

אימא { יֱהֹוָֹה אֱלֹהֹיֶ"ם

נקרא אלהי"ם

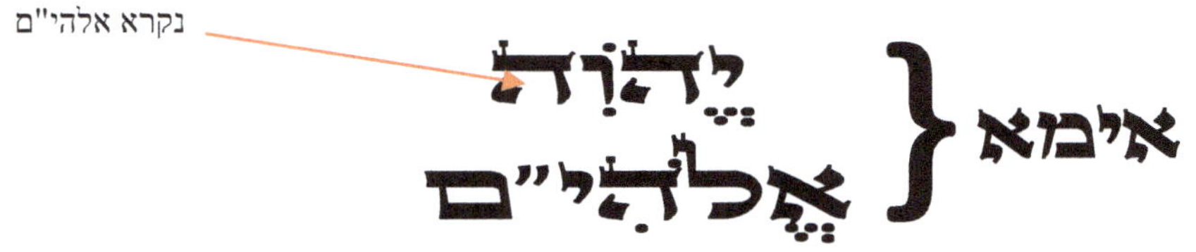